¿QUÉ ES
EL ESPIRITISMO?

QU'EST-CE QUE

LE

SPIRITISME

INTRODUCTION
A LA CONNAISSANCE DU MONDE INVISIBLE

PAR LES MANIFESTATIONS DES ESPRITS

CONTENANT

LE RÉSUMÉ DES PRINCIPES DE LA DOCTRINE SPIRITE, ET LA RÉPONSE
AUX PRINCIPALES OBJECTIONS

PAR

ALLAN KARDEC

Auteur du *Livre des Esprits*, du *Livre des Médiums*,
et directeur de la *Revue spirite*

Hors la Charité point de salut

HUITIÈME ÉDITION

PARIS

LIBRAIRIE DIDIER ET Cie, 35, QUAI DES AUGUSTINS
FRÉD. HENRY, DENTU, LIBRAIRES
AU PALAIS-ROYAL
ET TOUS LES LIBRAIRES DE PARIS ET DES DÉPARTEMENTS

1868

Tous droits réservés.

¿QUÉ ES EL ESPIRITISMO?

Introducción
al conocimiento del mundo invisible
por medio de las manifestaciones de los Espíritus

Contiene
el resumen de los principios de la doctrina espírita
y la respuesta a las principales objeciones

por
Allan Kardec

"Fuera de la caridad no hay salvación"

Traducción de Gustavo N. Martínez

CONFEDERACIÓN ESPIRITISTA ARGENTINA
Buenos Aires

ISBN edición impresa: 978-987-47546-2-2

Título del original francés:
Qu'est-ce que le spiritisme? - Introduction a la connaissance du monde invisible par les manifestations des Esprits
(Allan Kardec; 1868 – octava edición)

Traducción del original francés: Gustavo N. Martínez

Edición de la
CONFEDERACIÓN ESPIRITISTA ARGENTINA (CEA)
Sánchez de Bustamante 463
(1173) Buenos Aires - Argentina
+ 54 11 - 4862 - 6314
www.ceanet.com.ar - ceaespiritista@gmail.com

Kardec, Allan
    ¿Qué es el espiritismo? - Introducción al conocimiento del mundo invisible por medio de las manifestaciones de los Espíritus / Allan Kardec. - 1a edición especial - Ciudad Autónoma de Buenos Aires : Confederación Espiritista Argentina, 2020.
    206 p. ; 21 x 14 cm.

    Traducción de: Gustavo Norberto Martínez.
    ISBN 978-987-47546-2-2

    1. Espiritismo. I. Martínez, Gustavo Norberto, trad. II. Título.
    CDD 133.9

Impreso en la Argentina

ADVERTENCIA GENERAL
SOBRE LA TRADUCCIÓN

La presente traducción se basa en la octava edición del original francés *Qu'est-ce que le spiritisme? - Introduction a la connaissance du monde invisible par les manifestations des Esprits*, publicado en París, Francia, en septiembre de 1868. La "Librairie Didier et Cie." (35, quai des Augustins) editó esta obra, junto con "Fréd. Henry Dentu, libraires" (en el Palais-Royal), y la impresión se realizó en la "Imp. P. A. Bourdier, Capiomont fils et Cie." (6, rue des Poitevins). Nos valimos de un ejemplar que pertenece a la mencionada octava edición, archivado en la Biblioteca Nacional de Francia.

¿Qué es el espiritismo? salió a la luz por primera vez en julio de 1859, editado por Ledoyen, Libraire-Éditeur (Palais Royal, 31, Galerie D'Orléans), y también se podía adquirir en la oficina de la *Revue Spirite* (rue des Martyrs, 8). Los ejemplares fueron impresos en *Imprimerie de Beau* (en Saint-Germain-en-Laye).

La octava edición es la definitiva, pues se trata de la última que Allan Kardec presentó –antes de su fallecimiento– ante las autoridades del Ministerio del Interior de Francia, conforme consta en el Registro del Depósito Legal nº 7650, de fecha

29 de septiembre de 1868. Actualmente, dicho registro puede ser consultado en los Archivos Nacionales de Francia.

El criterio que seguimos en el presente trabajo no ha sido otro que mantener una absoluta fidelidad al contenido del texto original.

EL TRADUCTOR
Buenos Aires, 18 de abril de 2020.

Preámbulo

Las personas que sólo conocen el espiritismo de un modo superficial están naturalmente inclinadas a formular ciertas preguntas cuya solución encontrarían, sin duda, si lo estudiasen con mayor profundidad. Pero les falta tiempo, y a menudo voluntad, para dedicarse a realizar observaciones continuas. Antes de emprender esa tarea, muchos desean saber por lo menos de qué se trata y si vale la pena ocuparse de ella. Por consiguiente, nos ha parecido útil presentar de manera resumida la respuesta a algunas de las preguntas fundamentales que se nos dirigen a diario. Esto será para el lector una primera iniciación, y para nosotros un ahorro de tiempo, porque nos dispensará de repetir constantemente lo mismo.

El primer capítulo contiene, en forma de diálogos, la respuesta a las objeciones más comunes que plantean aquellos que ignoran los principios fundamentales de la doctrina, así como también la refutación de los principales argumentos de sus adversarios. Esta modalidad nos ha parecido la más conveniente, porque no tiene la aridez de la forma dogmática.

El segundo capítulo está dedicado a la exposición sucinta de las partes de la ciencia espírita práctica y experimental, en las cuales, a falta de una instrucción completa, el observador novato debe fijar su atención para poder juzgar con conocimiento de causa. Es, en cierto modo, un resumen de *El libro de los médiums*. Como la mayoría de las veces las objeciones nacen de las ideas falsas formadas *a priori* acerca de lo que no se conoce, al rectificar esas ideas se previenen dichas objeciones. Tal es el objetivo de ese breve escrito.

El tercer capítulo puede ser considerado el resumen de *El libro de los Espíritus*. Se trata de la solución, por medio de la doctrina espírita, de un cierto número de problemas del más elevado interés, de orden psicológico, moral y filosófico, que a diario se nos proponen y a los cuales ninguna filosofía ha dado aún una solución satisfactoria. Si se intentara resolverlos mediante cualquier otra teoría, sin la clave que nos proporciona el espiritismo, se podría ver cuáles son las repuestas más lógicas y que mejor satisfacen a la razón.

Esta reseña no solamente es útil para los novatos, que en menos tiempo y con poco esfuerzo podrán extraer de ella las nociones más esenciales de la doctrina espírita, sino también para los adeptos, pues les proporciona los medios para responder a las primeras objeciones que no dejarán de presentarles, y además porque encontrarán reunidos, dentro de un marco reducido y con una visión general, los principios que siempre deben tener presentes.

Para responder desde ya y sumariamente a la pregunta formulada en el título de este opúsculo, diremos que:

El espiritismo es al mismo tiempo una ciencia de observación y una doctrina filosófica. Como ciencia práctica, consiste en las relaciones que se pueden establecer con los Espíritus; como filosofía, comprende todas las consecuencias morales que se desprenden de esas relaciones.

Podemos definirlo del siguiente modo:

EL ESPIRITISMO ES UNA CIENCIA QUE TRATA DE LA NATURALEZA, EL ORIGEN Y EL DESTINO DE LOS ESPÍRITUS, ASÍ COMO DE SUS RELACIONES CON EL MUNDO CORPORAL.

Capítulo I

Breve conferencia espírita

Primer diálogo. El crítico

El Visitante.- Os diré, señor, que mi razón se resiste a admitir la realidad de los extraños fenómenos atribuidos a los Espíritus, pues estoy convencido de que esos seres sólo existen en la imaginación. No obstante, ante la evidencia habría que inclinarse, y eso haré en caso de que obtenga pruebas irrefutables. Por lo tanto, os solicito permiso para asistir solamente a una o dos experiencias, para no ser indiscreto, a fin de convencerme, si es posible.

Allan Kardec.- Desde el momento, señor, en que vuestra razón se niega a admitir los hechos que para nosotros están comprobados, es porque la consideráis superior a la de todas las personas que no comparten vuestras opiniones. No dudo de vuestro mérito ni tengo la pretensión de suponer que mi inteligencia esté por encima de la vuestra. Admitid, pues, que estoy equivocado, dado que es la razón la que os lo dice, y asunto concluido.

El Visitante.- Sin embargo, si consiguieseis convencerme, visto que soy conocido como adversario de vuestras ideas, eso sería un milagro eminentemente favorable a vuestra causa.

A. K.- Lo lamento, señor, pero no tengo el don de hacer milagros. ¿Acaso consideráis que bastarían una o dos sesiones para convenceros? Sería, en efecto, un verdadero prodigio; porque yo necesité más de un año de trabajo para quedar convencido, lo que os prueba que no llegué a ese estado de manera irreflexiva. Por otra parte, señor, no ofrezco sesiones públicas, y me parece que os habéis equivocado sobre el objetivo de nuestras reuniones, visto que no hacemos experiencias destinadas a satisfacer la curiosidad de quienquiera que sea.

El Visitante.- Entonces, ¿no procuráis hacer prosélitos?

A. K.- ¿Para qué haríamos de vos un prosélito, cuando no queréis serlo? Yo no fuerzo ninguna convicción. Cuando encuentro personas que sinceramente desean instruirse y me conceden el honor de pedirme aclaraciones, les respondo dentro de los límites de mis conocimientos, lo que para mí es un placer y un deber. En cambio, en relación con los adversarios que, como vos, tienen convicciones arraigadas, no doy un paso para apartarlos de ellas. Ya que hay bastantes personas que se muestran bien dispuestas, no pierdo el tiempo con aquellas que no lo están. Sé que tarde o temprano la convicción llegará por la fuerza misma de los hechos, y que hasta los más incrédulos serán arrastrados por la corriente. Por el momento, algunos partidarios de más o de menos no harán ninguna diferencia en la balanza. Por eso jamás me veréis molestarme para atraer a nuestras ideas a aquellos que, como vos, tienen buenas razones para evitarlas.

El Visitante.- Habría, sin embargo, más interés en convencerme de lo que suponéis. ¿Me permitís que me explique con franqueza y prometéis no ofenderos con mis palabras? Se trata de mis ideas sobre el asunto, y no sobre la persona a quien me dirijo. Puedo respetar a la persona sin compartir su opinión.

A. K.- El espiritismo me ha enseñado a no tomar en cuenta las mezquinas susceptibilidades del amor propio, y a que no me ofenda por las palabras. Si vuestras expresiones se salieran de los límites de la urbanidad y de lo conveniente, sólo deduciré que sois un hombre mal educado. En lo que a mí respecta, prefiero dejar que los otros se queden con sus errores antes que compartirlos. Sólo por eso ya veis que el espiritismo sirve para algo.

Como os he dicho, señor, no tengo la pretensión de haceros compartir mi opinión; respeto la vuestra, si es sincera, como deseo que respetéis la mía. Y dado que suponéis que el espiritismo es una vana ilusión, de seguro os habréis dicho al venir a mi casa: "Voy a ver a un loco". Confesadlo francamente, pues con eso no me ofenderé. Es sabido que "todos los espíritas son locos". ¡Pues bien, señor! Visto que opináis de ese modo, temo transmitiros mi enfermedad mental, y me sorprende ver que con ese tipo de pensamiento buscáis una convicción que os incluiría en el número de los dementes. Si estáis persuadido con anticipación de que no conseguiremos convenceros, vuestra actitud es inútil, pues sólo tendrá como fin la curiosidad. Por consiguiente, concluyamos el asunto, por favor, dado que no tengo tiempo para perder en conversaciones sin objeto.

El Visitante.- Es posible equivocarse, dejarse engañar, sin que eso signifique estar loco.

A. K.- Hablad con claridad. Decid, como tantos otros, que esto es un loco capricho que apenas durará un tiempo; pero debéis admitir que un capricho que en unos pocos años ha conquistado millones de partidarios en todos los países, que cuenta entre sus adeptos a sabios de todo orden, que se propaga preferentemente en las clases ilustradas, es una locura singular que merece ser analizada.

El Visitante.- Tengo mis ideas al respecto, es verdad, pero no son tan absolutas como para que yo no consienta en sacrificarlas ante la evidencia. Os he manifestado antes, señor, que tal vez tuvierais cierto interés en convencerme. Os confieso que debo publicar un libro en el que me propongo demostrar *ex professo* (sic) lo que considero un error; y como ese libro habrá de tener gran trascendencia y le dará un golpe certero a los Espíritus, no lo publicaré en caso de que llegue a convencerme.

A. K.- Lamentaría mucho, señor, que quedarais privado del beneficio de un libro que habrá de producir tanto efecto. Además, no tengo ningún interés en impedir su publicación; por el contrario, le deseo éxito, pues de ese modo nos servirá de presentación y anuncio. Cuando algo es atacado, despierta la atención. Hay muchas personas que quieren ver el pro y el contra de una cosa, y la crítica hace que la conozcan incluso aquellos que no pensaban en ella. Así, muchas veces, sin quererlo, se hace propaganda en beneficio de aquello que se desea combatir. Por otra parte, la cuestión de los Espíritus es de tan palpitante interés, y afecta de tal modo a la curiosidad, que basta con llamar sobre ella la atención para que nazca el deseo de profundizarla.[1]

---

1. Después de este diálogo, escrito en 1859, la experiencia ha venido a demostrar ampliamente la exactitud de esta proposición. (Nota de Allan Kardec.)

El Visitante.- Entonces, según vos lo entendéis, ¿la crítica no sirve para nada; la opinión pública no tiene ningún valor?

A. K.- No considero que la crítica exprese la opinión pública, sino una opinión individual que puede estar equivocada. Leed la historia, y veréis cuántas obras maestras han sido criticadas cuando aparecieron, sin que eso las excluyera del número de las grandes obras. En cambio, cuando una cosa es mala, no hay elogio que la vuelva buena. *Si el espiritismo es un error, caerá por sí mismo; pero si es una verdad, no habrá diatriba que lo convierta en una mentira.* Vuestro libro será una apreciación personal, que reflejará vuestro punto de vista. La verdadera opinión pública decidirá si habéis juzgado con acierto. Para eso querrá ver, y si más tarde reconoce que os equivocasteis, vuestro libro caerá en el ridículo, como los que hace poco han sido publicados contra la teoría de la circulación de la sangre, de la vacuna, etc.

Con todo, me olvidaba de que habríais de tratar la cuestión *ex professo*, lo que equivale a decir que la habéis estudiado en todos sus aspectos; que habéis visto todo lo que se puede ver, leísteis todo lo que se ha escrito sobre la materia, analizasteis y comparasteis las diversas opiniones; que os encontrasteis en las mejores condiciones para observar personalmente; que durante años le consagrasteis vuestras vigilias; en suma, que nada despreciasteis para llegar a la constatación de la verdad. Debo creer que así ha sucedido, si sois un hombre serio, porque solamente aquel que hizo todo eso tiene derecho a manifestar que habla con conocimiento de causa.

¿Qué pensaríais de un hombre que se erigiese en censor de una obra literaria o de un cuadro, aunque no conociese la literatura ni hubiese estudiado la pintura? Es un principio de lógica elemental que el crítico conozca, no superficialmente, sino a fondo, aquello de lo que habla, sin lo cual su opinión no tendrá ningún valor. Para combatir un cálculo es preciso que se le oponga otro cálculo, pero eso exige saber calcular. El crítico no debe limitarse a decir que una cosa es buena o mala; es necesario que justifique su opinión mediante una demostración clara y categórica, basada en los principios del arte o de la ciencia de que se trate. ¿Cómo podrá hacerlo si ignora esos principios? ¿Podríais apreciar las cualidades o los defectos de una máquina si no tenéis conocimientos de mecánica? ¡No! Pues bien, vuestro juicio acerca del espiritismo, al que no conocéis, no tendría más valor que el que emitieseis sobre la aludida máquina. A cada paso seríais sorprendido en un flagrante delito de ignorancia, porque aquellos que lo hayan estudiado verán de inmediato que estáis fuera del tema y, por consiguiente, deducirán que no sois un hombre serio o que obráis de mala fe. Tanto en un caso como en el otro, os arriesgaríais a recibir una refutación poco halagüeña para vuestro amor propio.

El Visitante.- Es precisamente para evitar ese peligro que he venido a pediros permiso para presenciar algunas experiencias.

A. K.- ¿Y consideráis que eso os bastará para hablar *ex professo* de espiritismo? ¿Cómo podríais comprender dichas experiencias y, con más razón, juzgarlas, si aún no habéis estudiado los principios en los cuales se basan? ¿Cómo podríais apreciar el resultado, satisfactorio o no, de experimentos metalúrgicos, por ejemplo, si no conocéis a fondo la metalurgia? Permitidme deciros, señor, que vuestro proyecto es exactamente lo mismo que, sin haber estudiado matemáticas ni astronomía, os presentaseis ante uno de los miembros del Observatorio para decirle: "Señor, quiero escribir un libro sobre astronomía y probar que vuestro sistema es falso, pero como ignoro hasta los mínimos rudimentos de esa ciencia, permitidme que mire una o dos veces a través de vuestro telescopio, pues eso me bastará para llegar a saber tanto como vos".

Sólo por extensión la palabra *criticar* se ha convertido en sinónimo de *censurar*; en su acepción corriente, y según su etimología, significa *juzgar, apreciar*. La crítica, pues, puede ser aprobatoria o reprobatoria. Hacer la crítica de un libro no significa necesariamente condenarlo; quien emprende esa tarea debe hacerlo sin ideas preconcebidas. Con todo, si antes de abrir el libro ya lo ha condenado con el pensamiento, el examen no será imparcial.

Ese es el caso de la mayoría de los que han hablado contra el espiritismo. Apenas se han formado un concepto sobre su denominación, y proceden como el juez que pronuncia una sentencia sin analizar los antecedentes del proceso. De ahí resulta que su juicio es absolutamente falso, y en vez de convencer hacen reír. En cuanto a las personas que han estudiado seriamente la cuestión, la mayor parte ha cambiado de idea, y más de un adversario se ha vuelto adepto del espiritismo al reconocer que su objetivo es muy diferente del que imaginaba.

El Visitante.- Os referís al examen de los libros en general; ¿suponéis que sea materialmente posible para un periodista leer y estudiar todos los libros que pasan por sus manos, sobre todo cuando tratan acerca de teorías nuevas que le sería necesario profundizar y verificar? Sería lo mismo que exigirle a un impresor que leyera todas las obras salidas de su impresora.

A. K.- A tan juicioso razonamiento no tengo nada que responder, salvo que cuando nos falta tiempo para hacer a conciencia una cosa, es mejor no hacerla. Es preferible hacer un solo trabajo bueno que diez malos.

El Visitante.- No creáis, señor, que mi opinión se haya formado a la ligera. He visto mesas que giraban y producían ruidos; he visto personas que suponían escribir bajo la influencia de los Espíritus; pero aun así estoy convencido de que todo eso no era más que charlatanismo.

A. K.- ¿Cuánto habéis pagado para ver esas cosas?

El Visitante.- Absolutamente nada, por supuesto.

A. K.- Pues bien, ahí tenéis charlatanes de una singular especie, que van a rehabilitar el concepto que tenemos de ellos. Hasta ahora no se había visto charlatanes desinteresados. Que algún bromista de mal gusto haya querido divertirse alguna vez por casualidad, ¿significa que las demás personas estuvieran de acuerdo con él? Por otra parte, ¿con qué objeto se habrían hecho cómplices de una mistificación? Diréis que lo hicieron para divertir a la sociedad. Por mi parte, convengo en que podrían prestarse alguna vez a esa broma; pero cuando esta dura meses y años, creo que el embaucador es el embaucado. ¿Sería creíble que alguien permanezca horas enteras alrededor de una mesa, sólo por el placer de hacer que otros crean en algo cuya falsedad conoce? Semejante placer no valdría la pena.

Antes de concluir que se trata de un fraude es preciso averiguar, en primer lugar, qué interés puede haber en engañar. Ahora bien, estaréis de acuerdo en que algunas situaciones excluyen toda sospecha de artificio, y en que hay personas cuyo carácter constituye una garantía de probidad.

No ocurriría lo mismo si se tratase de una especulación, porque el apetito de lucro es mal consejero. No obstante, aun admitiendo que en este último caso quedara perfectamente comprobada una maniobra fraudulenta, eso no probaría nada contra la realidad del principio, ya que es posible abusar de todo. Del hecho de que se venda vino adulterado no se debe concluir que no existe vino puro. El espiritismo no es más responsable de quienes abusan de su nombre y lo explotan, que la ciencia médica de los charlatanes que venden sus drogas, o la religión de los malos sacerdotes que corrompen su ministerio.

Por su novedad e incluso por su naturaleza, el espiritismo se presta a abusos. No obstante, proporciona los medios para reconocerlos, pues define claramente su verdadero carácter, y rechaza toda solidaridad con aquellos que lo explotan o lo desvían de su objetivo exclusivamente moral para transformarlo en un oficio, en un instrumento de adivinación o de investigaciones fútiles.

Si se toma en cuenta que el espiritismo traza los límites dentro de los cuales se ubica, que define lo que puede o no puede decir o hacer, lo que son o no sus atribuciones, así como lo que acepta y lo que rechaza, resulta que toda falta recae sobre aquellos que, como no se toman el trabajo de estudiarlo, lo juzgan por las apariencias, y que cuando encuentran charlatanes adornados con la denominación de *espíritas* para atraer a las personas, manifiestan con solemnidad: "Esto es el espiritismo". ¿Sobre quién, en definitiva, caerá el ridículo? No será sobre el charlatán que desempeña su oficio, ni sobre el espiritismo, cuya doctrina volcada por escrito desmiente semejantes aserciones, sino sobre los críticos que hablan de lo que no conocen, o que falsean conscientemente la verdad. Aquellos que atribuyen al espiritismo lo que es contrario a su esencia, lo hacen por ignorancia o con mala intención; en el primer caso, hay imprudencia; en el segundo, mala fe. En este último caso, estos se asemejan a ciertos historiadores que, con el interés de sustentar un partido o una opinión, alteran los acontecimientos históricos. Un partido que emplea esos recursos siempre queda desacreditado y no logra su objetivo.

Observad correctamente, señor, que no pretendo que la crítica deba necesariamente aprobar nuestras ideas, ni siquiera después de haberlas estudiado. No censuramos de ninguna manera a los que no piensan como nosotros. Lo que para nosotros es evidente, puede no serlo para el resto. Cada uno juzga las cosas desde su punto de vista, y del hecho más positivo no todos sacan las mismas consecuencias. Si un artista, por ejemplo, pinta en su cuadro un caballo blanco, no faltará quien diga que ese color no queda bien y que el color negro sería más conveniente; no cometerá un error al decir esto, pero se equivocaría si al ver que el caballo es blanco manifestara que es negro. Eso es lo que hace la mayoría de nuestros adversarios.

En resumen, señor, todos tienen absoluta libertad para aprobar o censurar los principios del espiritismo, para deducir de ellos las consecuencias buenas o malas que les plazcan. Sin embargo, la conciencia impone a todo crítico serio el compromiso de no manifestar lo contrario de lo que él sabe que es. Ahora bien, para eso la primera condición es que no hable de lo que ignora.

El Visitante.- Volvamos, por favor, a las mesas giratorias y parlantes. ¿No podría suceder que estén preparadas con algún mecanismo?

A. K.- Siempre se trata de la cuestión de la buena fe, a la que ya he respondido. Cuando la superchería se haya probado, voy a reconocer que la hubo; si descubrierais hechos *comprobados* de fraude, charlatanismo, explotación o abuso de confianza, os dejaré libre para fustigarlos, y desde ya os declaro que no asumiré su defensa, porque el espiritismo serio es el primero en repudiarlos, y quien denuncia esos abusos lo auxilia en la tarea de prevenirlos, con lo que le presta un importante servicio. Pero generalizar semejantes acusaciones, lanzar sobre una gran cantidad de personas honorables la reprobación que sólo merecen algunos individuos aislados, es un abuso de otro género, porque se trata de una calumnia.

Si, según habéis dicho, admitiésemos que las mesas están preparadas, sería preciso que el mecanismo empleado fuese muy ingenioso para hacerlas producir movimientos y ruidos tan variados. ¿Cómo es posible, entonces, que no se conozca aún el nombre del hábil fabricante que los hace? Por el contrario, este debería gozar de gran celebridad, puesto que esos aparatos están diseminados por las cinco partes del mundo. Se debería admitir también que su procedimiento es muy sutil, ya que puede adaptarse a la primera mesa que se le presente, sin dejar ninguna señal exterior. ¿Cómo se explica, pues, que desde Tertuliano –quien también se refirió a las mesas giratorias y parlantes– hasta el presente, nadie haya conseguido ver ni describir ese mecanismo?

El Visitante.- En eso estáis equivocado. Un célebre cirujano ha reconocido que ciertas personas pueden, mediante la contracción de un músculo de la pierna, producir un ruido semejante al que atribuís a la mesa, de lo que concluye que vuestros médiums se divierten a expensas de la credulidad de los concurrentes.

A. K.- En ese caso, si se trata del crujido de un músculo, resulta que la mesa no está preparada. Dado que cada uno explica a su modo ese supuesto fraude, queda probado que ninguno de ellos conoce la verdadera causa.

Respeto el conocimiento de ese sabio cirujano, pero se presentan algunas dificultades al aplicar su teoría a las mesas parlantes. La primera: resulta extraño que esa facultad, excepcional hasta el presente, y enfocada como un caso patológico, de repente se haya vuelto tan común. La segunda: se requiere mucho deseo de mistificar para hacer que un músculo cruja durante dos o tres horas seguidas, cuando de eso sólo resulta fatiga y dolor. La tercera: no comprendo bien cómo ese músculo puede golpear en las puertas y las paredes en las que se escuchan los golpes. La cuarta, por último: es necesario conferir a ese músculo que cruje una propiedad maravillosa para que mueva una mesa pesada, la levante, la abra, la cierre, la mantenga suspendida sin un punto de apoyo y, finalmente, la deje caer y destrozarse. Nadie hubiera sospechado que ese músculo fuera tan virtuoso. (Véase la *Revista Espírita*, junio de 1859: "El músculo que cruje".)

El célebre cirujano del que habláis, ¿ha estudiado el fenómeno de la tiptología en aquellos que lo producen? No; constató un efecto fisiológico anormal en algunos individuos que nunca se ocuparon de mesas golpeadoras y, al notar cierta analogía entre ese efecto y el que se produce en las mesas, sin más amplio análisis concluyó, con la autoridad de su ciencia, que todos los que hacen hablar a las mesas deben de tener la propiedad de hacer crujir el músculo peroneo corto, y que no son más que embusteros, sean príncipes u obreros, reciban o no un pago por ello. Ahora bien, ¿será que el referido cirujano estudió al menos el fenómeno de la tiptología en todas sus fases? ¿Verificó si por medio de ese crujido muscular se podía producir la totalidad de los efectos tiptológicos? No, porque de lo contrario se habría convencido de la insuficiencia de su investigación, lo que no le impidió proclamar su descubrimiento en pleno Instituto de Francia. ¿No será ese, para un científico, un dictamen muy poco serio? ¿Qué queda de él en la actualidad? Os confieso que, si tuviese que someterme a una operación quirúrgica, dudaría mucho sobre confiarme a ese médico, pues temería que no diagnosticara mi dolencia con suficiente perspicacia.

Puesto que ese dictamen procede de una de las autoridades en la que parece que queréis apoyaros para combatir al espiritismo, quedo absolutamente tranquilo en cuanto a la fuerza de los demás argumentos que os proponéis emplear, a menos que los busquéis en fuentes más genuinas.

El Visitante.- No obstante, ya veis que la moda de las mesas giratorias ha pasado. Durante cierto tiempo hicieron furor, pero hoy ya nadie se ocupa de ellas. ¿A qué se debe eso, si se trata de algo serio?

A. K.- Porque de las mesas giratorias ha salido algo más serio aún. De ellas surgió una ciencia y una doctrina filosófica completas, del más alto interés para los hombres que reflexionan. Cuando a estos no les quedó nada más que aprender de una mesa que giraba, ya no se ocuparon de ello. Para las personas frívolas, que nada profundizan, ese fenómeno era un pasatiempo, un juguete que abandonaron cuando se aburrieron de él. Son personas con las cuales la ciencia espírita no cuenta. El período de la curiosidad tuvo su época; le sucedió el de la observación. El espiritismo entró entonces en el dominio de las personas serias, que no pretenden divertirse con él, sino instruirse. Por eso, las personas que lo consideran como algo importante no se prestan a ninguna experiencia por curiosidad, y menos aún para satisfacer la de aquellos que se presentan con pensamientos hostiles. Como no lo hacen para divertirse, tampoco quieren servir de diversión para los otros. Yo pertenezco a esa clase.

El Visitante.- Sin embargo, solamente la experiencia puede convencer, aun a aquel que al principio ha sido llevado por la curiosidad. Si sólo trabajáis en presencia de personas convencidas, permitidme deciros que predicáis a los conversos.

A. K.- Una cosa es estar convencido, y otra es estar predispuesto a convencerse; a estos últimos es a quienes me dirijo, y no a los que creen que su razón se humilla si vienen a escuchar lo que ellos denominan delirios. Estos no me preocupan de ningún modo. En cuanto a los que manifiestan un sincero deseo de ilustrarse, el mejor modo que tienen de probarlo es demostrar perseverancia. Se los reconoce por otros indicios y no sólo por el deseo de presenciar una o dos experiencias: ellos desean trabajar seriamente.

La convicción sólo se adquiere con el tiempo, por medio de una serie de observaciones realizadas con sumo cuidado. Los fenómenos espíritas difieren esencialmente de los que caracterizan a las ciencias exactas, pues no se producen por nuestra voluntad, sino que es preciso capturarlos al vuelo. Si se hacen muchas observaciones durante mucho tiempo se descubre una infinidad de pruebas que escapan a la primera experiencia, sobre todo cuando no se está familiarizado con las condiciones con que esas pruebas se pueden encontrar y, más todavía, cuando se alimentan prevenciones. Para el observador asiduo y reflexivo, las pruebas abundan: una palabra, un hecho de apariencia insignificante, equivalen para él a un rayo de luz, a una confirmación. En cambio, para el observador superficial y que está de paso, para el simple curioso, esos hechos no tienen sentido. Ese es el motivo por el cual no me presto a experiencias sin un resultado probable.

El Visitante.- En fin, todo debe tener un comienzo. El novato, que nada sabe, que nada ha visto pero que desea ilustrarse, ¿cómo habrá de hacerlo, si no le facilitáis los medios?

A. K.- Hago una gran distinción entre el incrédulo por ignorancia y el incrédulo por sistema. Cuando descubro a alguien con disposiciones favorables, no me cuesta nada ilustrarlo, pero hay personas en quienes el deseo de instruirse es apenas aparente. Con ellas se pierde el tiempo, porque si no encuentran pronto lo que parecen buscar –y que si apareciera tal vez las incomodaría–, lo poco que ven no es suficiente para disipar sus prevenciones; juzgan mal los resultados obtenidos y los transforman en un objeto de burla, de modo que no hay ninguna utilidad en proporcionárselos.

A quien desea instruirse le diré: "No se puede hacer un curso de espiritismo experimental como se hace uno de física o de química, visto que nadie es dueño de producir los fenómenos espíritas a su antojo, y que las inteligencias que los causan hacen que a menudo se frustren todas nuestras previsiones. Aquellos fenómenos que accidentalmente podríais ver no presentan ninguna conexión, ninguna relación necesaria, y por lo tanto resultarían poco inteligibles para vos. Instruíos previamente mediante la teoría. Leed y meditad las obras que tratan de esa ciencia; en ellas aprenderéis los principios, encontraréis la descripción de todos los fenómenos, comprenderéis su posibilidad a través de la explicación que esas obras os darán, así como por la descripción de una gran cantidad de hechos espontáneos, de los que pudisteis ser testigo sin advertirlo, pero que volverán a vuestra memoria. Sabréis acerca de todas las dificultades que pueden surgir, y os formaréis de ese modo una primera convicción moral. Entonces, cuando se os presente la ocasión de observar y de obrar personalmente, cualquiera sea el orden en que se muestren los hechos, habréis de comprender, porque nada os será extraño".

Eso es, señor, lo que aconsejo a todas las personas que manifiestan deseos de instruirse, y de acuerdo con la respuesta que dan, resulta fácil ver si hay en ellas algo más que curiosidad.

Segundo diálogo. El escéptico

El Visitante.- Comprendo, señor, la utilidad del estudio preliminar del que acabáis de hablar. En cuanto a mi predisposición personal, os diré que no estoy a favor ni en contra del espiritismo, aunque ese asunto estimula mi interés en el más alto grado. Entre las personas de mi conocimiento los hay partidarios de él, pero también adversarios. He oído al respecto argumentos muy contradictorios, y me proponía plantearos algunas de las objeciones que se han hecho en presencia mía, y que me parecen de cierto valor, al menos para mí, que os confieso mi ignorancia.

Allan Kardec.- Será un placer, señor, responder a las preguntas que queráis dirigirme, toda vez que sean hechas con sinceridad y sin segundas intenciones, aunque no me jacto de poder responderlas a todas. El espiritismo es una ciencia que acaba de nacer y de la cual queda mucho por aprender aún. Sería, pues, una gran presunción de mi parte pretender solucionar todas las dificultades, de modo que sólo podré manifestar lo que sé.

El espiritismo se relaciona con todas las ramas de la filosofía, de la metafísica, de la psicología y de la moral. Se trata de un campo inmenso que no se puede recorrer en algunas horas. Comprenderéis, señor, que me sería materialmente imposible repetir a viva voz y a cada uno en particular todo lo que he escrito sobre esa materia para uso general. Por otra parte, al hacer una lectura previa seriamente, se encontrará la respuesta a la mayor parte de las cuestiones que acuden a la mente de forma espontánea. Esa lectura tiene la doble ventaja de evitar repeticiones inútiles, así como de dar una muestra del sincero deseo de instruirse. Si después de ella todavía quedaran dudas o puntos oscuros, la explicación resultará más fácil, porque ya se cuenta con un punto de apoyo y no se pierde el tiempo en revisar los principios más elementales. Si lo permitís, pues, hasta nueva orden nos limitaremos a algunas cuestiones generales.

El Visitante.- De acuerdo; tened la bondad de llamarme al orden si me aparto de él.

Espiritismo y espiritualismo

El Visitante.- En primer lugar, os preguntaré qué necesidad había de crear los nuevos términos *espírita* y *espiritismo* para sustituir a los de *espiritualista* y *espiritualismo*, que existen en la lengua vulgar y son comprendidos por todos. He oído a alguien que calificó esos términos de *barbarismos*.

A. K.- Desde mucho tiempo atrás el término *espiritualista* tiene una acepción bien determinada. La Academia Francesa nos la da: ESPIRITUALISTA: *aquella persona cuya doctrina es opuesta al materialismo.* Todas las religiones están necesariamente fundadas en el espiritualismo. El que crea que en nosotros existe algo más aparte de la materia es *espiritualista,* lo que no implica la creencia en los Espíritus y en sus manifestaciones. ¿Cómo podríais distinguirlo de aquel que tiene esta creencia? Estaríais obligado a serviros de una perífrasis, y decir: "Es un espiritualista que cree, o no cree, en los Espíritus". Para las cosas nuevas se necesitan palabras nuevas, a fin de que evitemos los equívocos. Si yo le hubiese dado a mi *Revista* la calificación de *espiritualista*, no habría especificado su objeto, porque, sin desmentir al título, bien podría no haber dicho una sola palabra sobre los Espíritus, e incluso combatirlos. Tiempo atrás leí en un periódico un artículo en el cual se decía, a propósito de una obra filosófica, que el autor lo había escrito desde el punto de vista *espiritualista*. Ahora bien, los partidarios de los Espíritus habrían quedado especialmente decepcionados si, confiando en esa indicación, hubieran creído hallar alguna concordancia entre lo que se enseña en esa obra y las ideas que ellos admiten. Por consiguiente, si he adoptado los términos *espírita* y *espiritismo*, es porque expresan sin equívocos las ideas relativas a los Espíritus. Todo *espírita* es necesariamente *espiritualista*, pero no es preciso que todos los *espiritualistas* sean *espíritas*. Aunque los Espíritus fuesen una quimera, era provechoso adoptar términos especiales para designar lo que a ellos concierne, dado que las ideas falsas tanto como las verdaderas deben expresarse con los términos adecuados.

Estas palabras, por otra parte, no son más bárbaras que aquellas otras que las ciencias, las artes y la industria crean diariamente; con certeza no lo son más que las que imaginó Gall para su nomenclatura de las facultades, tales como: *secretividad, amatividad, combatividad, alimentatividad, afeccionividad*, etc. Hay personas que por espíritu de contradicción critican todo lo que no proviene de ellas, y pretenden darse aires de opositoras. Aquellos que de ese modo provocan tan mezquinos enredos, sólo prueban una cosa: la estrechez de sus ideas. Aferrarse a semejantes bagatelas es demostrar carencia de buenas razones.

Espiritualismo [*spiritualism*] y *espiritualista* [*spiritualist*] son las palabras inglesas que han sido empleadas en Estados Unidos desde que comenzaron las manifestaciones de los Espíritus. Al principio, y durante algún tiempo, también fueron empleadas en Francia; pero desde que aparecieron los términos *espírita* y *espiritismo* se comprendió tan bien su utilidad, que fueron aceptados de inmediato por el público. Actualmente su empleo se ha consagrado a tal punto que los mismos adversarios –que fueron los primeros en calificar esos términos de barbarismos– no emplean otros. Los sermones y las pastorales que anatematizan al *espiritismo* y a los *espíritas* producirían una enorme confusión en las ideas si estuvieran dirigidos al *espiritualismo* y a los *espiritualistas*.

Bárbaros o no, esos términos están incluidos desde ahora en la lengua corriente, así como en todas las lenguas de Europa. Son los únicos empleados en las publicaciones, sean favorables o contrarias, que se realizan en todos los países, y ocupan el primer lugar en la columna de la nomenclatura de la nueva ciencia. Para expresar los fenómenos especiales de esa ciencia, necesitábamos términos especiales. El espiritismo posee ahora su nomenclatura, como la química posee la suya.[2]

---

2. Esas palabras, además, poseen hoy derecho de ciudadanía. Se las encuentra en el suplemento del *Petit Dictionnaire des Dictionnaires français*, extracto de Napoleón Landais, obra cuya tirada llega a los veinte mil ejemplares. Allí encontramos la definición y la etimología de las palabras: *erraticidad* (*erraticité*), *medianímico* (*médianimique*), *médium* (*médium*), *mediumnidad* (*médiumnité*), *periespíritu* (*périsprit*), *pneumatografía* (*pneumatographie*), *pneumatofonía* (*pneumatophonie*), *psicógrafo* (*psychographe*), *psicografía* (*psychographie*), *psicofonía* (*psichophonie*), *reencarnación* (*réincarnation*), *sematología* (*sématologie*), *espírita* (*spirite*), *espi-*

Las palabras *espiritualismo* y *espiritualista*, aplicadas a las manifestaciones de los Espíritus, al día de hoy ya no son empleadas, salvo por los adeptos de la escuela llamada *americana*.

Disidencias

El Visitante.- Esa diversidad en la creencia de lo que denomináis una ciencia es, según mi parecer, su condenación. Si esa ciencia se basara en hechos positivos, ¿no debería ser la misma en América que en Europa?

A. K.- Ante todo, acerca de eso responderé que tal divergencia existe más en la forma que en el fondo. En realidad, apenas se limita al modo de enfocar algunos aspectos de la doctrina, de modo que no constituye un antagonismo radical en los principios, como sostienen nuestros adversarios por no haber estudiado la cuestión.

No obstante, decidme, por favor, ¿cuál es la ciencia que en sus comienzos no suscitó disidencias, hasta que sus principios quedaron claramente establecidos? Hoy mismo, ¿no encontramos tales disidencias en las ciencias mejor constituidas? ¿Están todos los científicos de acuerdo sobre un mismo punto? ¿Acaso no tienen sus sistemas particulares? Las sesiones del Instituto de Francia, ¿presentan siempre el aspecto de un perfecto y cordial entendimiento? En medicina, ¿no existen la Escuela de París y la de Montpellier? Cada descubrimiento en alguna ciencia, ¿no ha generado un cisma entre los que quieren progresar y los que desean permanecer en la retaguardia?

---

ritismo (*spiritisme*), espiritista (*spiritiste*), estereotita (*stéréotite*), tiptología (*typtologie*). También se encuentran en la nueva edición del *Dictionaire Universel* de Maurice Lachâtre, con las especificaciones correspondientes. (Nota de Allan Kardec.)

En lo que concierne al espiritismo, ¿no era lógico que con la aparición de los primeros fenómenos, cuando se ignoraban las leyes que los rigen, cada persona elaborara su propio sistema y los encarara a su manera? ¿Dónde están hoy esos sistemas primitivos aislados? Han caído ante una observación más completa de los hechos. Han bastado apenas unos años para que quedase establecida la unidad grandiosa que ahora prevalece en la doctrina, y que congrega a la inmensa mayoría de los adeptos, con excepción de algunas individualidades que, en estas como en todas las cosas, se aferran a las ideas primitivas y mueren con ellas. ¿Cuál es la ciencia, cuál es la doctrina filosófica o religiosa que ofrece un ejemplo similar? ¿Habrá el espiritismo presentado la centésima parte de las divisiones que durante tantos siglos dividieron a la Iglesia y aún hoy la dividen?

Es realmente curioso observar las puerilidades a que recurren los adversarios del espiritismo. ¿No indica eso una escasez de argumentos serios? Si ellos los tuvieran, no dejarían de hacerlos valer. ¿Qué le oponen? Burlas, negaciones, calumnias, pero ningún argumento concluyente. Y la prueba de que todavía no le han encontrado un punto vulnerable es que nada ha podido detener su marcha ascendente, y que con apenas diez años de existencia cuenta con más adeptos de los que ninguna secta haya tenido al cabo de un siglo. Este es un hecho comprobado por la experiencia y reconocido incluso por sus adversarios. Para aniquilarlo no era suficiente con que se dijera: "esto es imposible, esto es absurdo". Sería preciso demostrar categóricamente que los fenómenos no existen y que no pueden existir. Esto es lo que nadie ha hecho.

Fenómenos espíritas simulados

El Visitante.- ¿No se ha demostrado que fuera del espiritismo pueden producirse esos mismos fenómenos? ¿Y no podemos concluir de eso que los fenómenos no tienen el origen que los espíritas les atribuyen?

A. K.- Del hecho de que se pueda imitar una cosa, ¿se debe llegar a la conclusión de que esta no exista? ¿Qué diríais de la lógica de aquel que pretendiese que, porque el vino de Champagne se hace con agua de Seltz, todo el vino de esa clase no es más que agua de Seltz? Esto sucede con aquellas cosas que por su resonancia generan falsificaciones. Algunos prestidigitadores han creído que el nombre *espiritismo*, a causa de su popularidad y de las controversias de que era objeto, podía prestarse a la explotación, y para atraer a la multitud han simulado más o menos groseramente algunos fenómenos mediúmnicos, como antes habían simulado la clarividencia sonambúlica. Entonces los burlones aplaudieron, mientras exclamaban: "¡Ahí lo tenéis, eso es el espiritismo!" Cuando en el teatro fue puesta en escena la ingeniosa producción de los espectros, ¿no se proclamó que era el golpe de gracia para el espiritismo? Antes de pronunciar una sentencia tan terminante, hubieran debido reflexionar que las aserciones de un prestidigitador no son palabras del Evangelio, y asegurarse de que existiera una identidad real entre la imitación y la cosa imitada. Nadie compra un brillante sin antes averiguar si no se trata de una piedra falsa. Un estudio, incluso poco minucioso, los habría convencido de que los fenómenos espíritas se producen en condiciones muy diferentes; además, ellos habrían quedado en conocimiento de que los espíritas no se ocupan de hacer aparecer espectros ni de decir la buenaventura.

Sólo la malevolencia y una absoluta mala fe han sido capaces de confundir el espiritismo con la magia y la hechicería, ya que aquél repudia el objetivo, las prácticas, las fórmulas y las palabras místicas de estas últimas. Algunos incluso no dudaron en comparar las reuniones espíritas con las asambleas sabáticas, en las cuales se espera a que suene la hora fatal de la medianoche para que aparezcan los fantasmas.

Un espírita amigo mío asistía, en cierta oportunidad, a la representación de *Macbeth* sentado junto a un periodista a quien no conocía. Cuando llegó la escena de las hechiceras, oyó que su vecino decía: "¡Bueno! Vamos a presenciar una sesión de espiritismo; es justo lo que necesitaba para mi próximo artículo; ahora voy a saber qué es lo que ocurre. Si encontrase por aquí a alguno de esos locos, le preguntaría si se reconoce en la escena que estamos presenciando". "Yo soy uno de esos locos –le dijo el espírita–, y puedo garantizaros que no me reconozco allí en absoluto; he concurrido a cientos de reuniones espíritas, y nunca he encontrado en ellas nada que se asemeje a esto. Si es aquí donde venís a recoger material para vuestro artículo, este no se va a caracterizar por la veracidad".

Muchos críticos no tienen una base más sólida. ¿Sobre quién, pues, caerá el ridículo, a no ser sobre aquellos que andan por su camino con tanta falta de seriedad? En cuanto al espiritismo, su confiabilidad, lejos de quedar afectada por eso, ha crecido gracias a la repercusión a que dieron lugar esas maniobras, que llamaron la atención de muchas personas que ni siquiera habían oído hablar de él. Las maniobras provocaron el análisis y contribuyeron a acrecentar el número de adeptos, porque se ha reconocido que, en vez de un pasatiempo, el espiritismo es un asunto serio.

Impotencia de los detractores

El Visitante.- Convengo en que entre los detractores del espiritismo hay personas que se desenvuelven con falta de seriedad, como esas que acabáis de citar. Pero, al lado de ellas, ¿no se encuentran hombres de auténtico valor, cuyas opiniones tienen un cierto peso?

A. K.- No lo discuto en modo alguno. A eso respondo que el espiritismo también cuenta en sus filas con muchos hombres cuyo mérito no es menos auténtico. Os digo más: la inmensa mayoría de los espíritas está compuesta por hombres inteligentes y estudiosos. Sólo la mala fe puede alegar que sus adeptos son reclutados entre las mujeres ingenuas y las masas ignorantes.

Por otra parte, hay un hecho terminante que responde a esa objeción: a pesar de todo su saber y su posición oficial, ningún adversario ha conseguido detener la marcha del espiritismo. No hay uno solo, desde el más insignificante folletinista, que no se haya vanagloriado de asestarle un golpe mortal. Sin embargo, todos ellos, sin excepción, incluso sin que se lo propusieran, han contribuido a su divulgación. Ahora bien, una idea que resiste a tantos ataques, que avanza sin titubeos a través de la lluvia de dardos que se le arrojan, ¿no demuestra de ese modo su fuerza y la profundidad de sus raíces? Un fenómeno así, ¿no merece la atención de los pensadores serios? Por eso muchos de ellos dicen ahora que en el espiritismo debe de haber algo auténtico, y que tal vez sea uno de esos movimientos grandes e irresistibles que de tiempo en tiempo sacuden a las sociedades para transformarlas.

Así ha ocurrido siempre con todas las ideas nuevas llamadas a revolucionar el mundo. Encuentran obstáculos porque tienen que luchar contra los intereses, los prejuicios, los abusos que vienen a destruir. No obstante, como están en los designios de Dios para que se cumpla la ley del progreso de la humanidad, cuando llegue la hora nada habrá de detenerlas, lo que viene a demostrar que son la expresión de la verdad.

Como he dicho, la impotencia de los adversarios del espiritismo demuestra, en primer lugar, que carecen de legítimas razones, pues las que le oponen no son convincentes. Pero también se debe a otra causa que hace fracasar todas sus intenciones. Se sorprenden de ver el avance de esa doctrina pese a todo lo que hacen para detenerla; y si no consiguen hallar la causa es porque la han buscado donde no está. Hay quienes consideran que se debe al gran poder del diablo, que de ese modo demuestra ser más poderoso que ellos, e incluso más poderoso que Dios; otros lo ven en el incremento de la locura humana. El error de todos consiste en que suponen que la fuente del espiritismo es una sola, y que se basa en la opinión de un solo hombre. De ahí la idea de que podrán destruirlo si combaten esa opinión. Buscan esa fuente en la Tierra, cuando se encuentra en el espacio. No se encuentra en un solo punto, sino en todas partes, porque los Espíritus se manifiestan en todos los lugares, en todos los países, tanto en el palacio como en la choza. La verdadera causa está, pues, en la naturaleza misma del espiritismo, cuyo poder no proviene de un solo hombre, sino que permite a cada uno recibir directamente comunicaciones de los Espíritus, y de ese modo tener la certeza de la realidad de los hechos. ¿Cómo persuadir a millones de individuos de que todo eso no es más que una comedia, charlatanismo, escamoteo, prestidigitación, cuando ellos mismos obtienen esos resultados sin ayuda de nadie? ¿Se les hará creer que son sus propios cómplices y que representan el rol de los charlatanes y los prestidigitadores sólo para sí mismos?

La universalidad de las manifestaciones de los Espíritus, que surgen en todos los puntos del globo para desmentir a los detractores y confirmar los principios de la doctrina espírita, constituye una fuerza a la cual no pueden comprender quienes no conocen el mundo invisible, del mismo modo que aquellos que ignoran las leyes de la electricidad no comprenden la rapidez con que se transmite un telegrama. Debido a que se oponen a esa fuerza, todas las negaciones fracasan, porque es lo mismo que decir a alguien que percibe la acción de los rayos solares que el sol no existe.

Si se hace abstracción de las cualidades de la doctrina espírita, que satisface mucho más que las que se le oponen, ahí está la causa de los fracasos que sufren aquellos que intentan detener su marcha. Para alcanzar el triunfo sería necesario que encontraran la manera de impedir a los Espíritus que se manifiesten. Por esa razón los espíritas se preocupan tan poco por las maquinaciones de los adversarios. Los espíritas tienen a su favor la experiencia y la autoridad de los hechos.

Lo maravilloso y lo sobrenatural

El Visitante.- El espiritismo tiende, evidentemente, a hacer que revivan las creencias fundadas en lo maravilloso y en lo sobrenatural. Ahora bien, en el siglo positivo en que vivimos, esto me parece difícil, porque equivale a creer en las supersticiones y en los errores populares que ya han sido condenados por la razón.

A. K.- Una idea es supersticiosa sólo cuando es falsa, y deja de serlo a partir del momento en que es reconocida como verdadera. La cuestión reside, pues, en saber si los Espíritus se manifiestan o no. Ahora bien, no podéis tachar a una cosa de superstición mientras no hayáis *probado* que no existe. Alegaréis: "Mi razón se resiste a admitirlo". No obstante, aquellos que creen en las manifestaciones, y que no son tontos, invocan también su razón, y además los hechos. ¿Cuál de las dos razones debe prevalecer? El gran juez en esta cuestión es el porvenir, como lo ha sido en todas las cuestiones científicas e industriales, calificadas en su origen de absurdas e imposibles. Vos juzgáis *a priori*, según vuestra opinión. Nosotros, en cambio, sólo lo hacemos después de que hemos visto y observado durante mucho tiempo. Cabe agregar que el espiritismo ilustrado, como lo es en la actualidad, tiende por el contrario a destruir las ideas supersticiosas, porque muestra lo que hay de verdadero o de falso en las creencias populares, y denuncia lo que ellas tienen de absurdo, fruto de la ignorancia y los prejuicios.

Voy más lejos aún, y digo que es precisamente el positivismo del siglo lo que nos lleva a adoptar el espiritismo, y que este debe en parte al positivismo su rápida propagación, y no, como algunos pretenden, a un recrudecimiento de la preferencia por lo maravilloso y lo sobrenatural. Lo sobrenatural desaparece a la luz de la antorcha de la ciencia, de la filosofía y de la razón, del mismo modo que los dioses del paganismo desaparecieron ante el brillo del cristianismo.

Sobrenatural es todo lo que está fuera de las leyes de la naturaleza. El positivismo no admite nada que escape a esas leyes. Pero ¿acaso las conoce a todas? En todos los tiempos los fenómenos cuya causa no se conocía fueron considerados sobrenaturales. No obstante, cada nueva ley descubierta por la ciencia hizo retroceder los límites de lo sobrenatural.

¡Pues bien! El espiritismo viene a revelar una nueva ley, según la cual la conversación con el Espíritu de un muerto se basa en un fenómeno tan natural como el de la electricidad, que permite la comunicación entre dos individuos separados por una distancia de quinientas leguas. Lo mismo ocurre con los demás fenómenos espíritas. El espiritismo repudia, en lo que le concierne, todo efecto maravilloso, es decir, que esté fuera de las leyes de la naturaleza. No hace milagros ni prodigios, sino que explica, en virtud de una ley, ciertos efectos que hasta ahora eran considerados milagros y prodigios, y por eso mismo demuestra su posibilidad. Por consiguiente, el espiritismo amplía el dominio de la ciencia, y por eso él mismo se convierte en una ciencia. Con todo, como el descubrimiento de esa nueva ley implica consecuencias morales, el código de esas consecuencias hace de él, al mismo tiempo, una doctrina filosófica.

Desde este último punto de vista, la doctrina espírita se corresponde con las aspiraciones del hombre en lo que se refiere al porvenir; pero como apoya su teoría del porvenir en bases positivas y racionales, satisface al espíritu positivo de nuestro siglo. Eso es lo que comprenderéis cuando os entreguéis a la tarea de estudiarla. (Véase *El libro de los médiums*, cap. II; la *Revista Espírita*, diciembre de 1861: "Lo sobrenatural (primer artículo)", y enero de 1862: "Lo sobrenatural" (segundo artículo). Véase también el Capítulo II de la presente obra.)

Oposición de la ciencia

El Visitante.- Habéis dicho que os apoyáis en los hechos. Sin embargo, la opinión de los científicos, tanto la de aquellos que niegan esos hechos como la de los que los explican de otro modo, se opone a la vuestra. ¿A qué se debe que ellos no hayan prestado la debida atención al fenómeno de las mesas giratorias? Supongo que si en eso hubiesen encontrado algo serio, no despreciarían hechos tan extraordinarios ni los rechazarían con desdén; mientras tanto, todos ellos están en contra de vos. ¿No son los científicos los faros de las naciones, y no es su deber difundir la luz? ¿Por qué habrían dejado de hacerlo cuando se les presentaba tan hermosa ocasión de revelar al mundo la existencia de una nueva fuerza?

A. K.- Habéis definido de un modo admirable el deber de los científicos. Pero es de lamentar que ellos lo hayan olvidado en más de una ocasión. No obstante, antes de responder a vuestra sensata observación, debo destacar un grave error que habéis cometido al expresar que todos los científicos están en contra de nosotros.

Como os dije antes, precisamente en la clase ilustrada tiene el espiritismo la mayor cantidad de prosélitos, y esto se da en todos los países del mundo; entre sus adeptos hay una gran cantidad de médicos de todas las naciones. Ahora bien, los médicos son hombres de ciencia. Y los magistrados, los profesores, los artistas, los hombres de letras, los militares, los altos funcionarios, los grandes dignatarios, los eclesiásticos, etc., que se agrupan en torno a la bandera del espiritismo, son personas a quienes no se puede negar una cierta dosis de ilustración. No sólo hay sabios en la ciencia oficial y en las comunidades constituidas.

Por el hecho de que el espiritismo no haya adquirido aún derecho de ciudadanía en la ciencia oficial, ¿merece ser condenado? Si la ciencia nunca se hubiese engañado, su opinión tendría en ese caso un gran peso en la balanza. Lamentablemente, la experiencia prueba lo contrario. ¿Acaso la ciencia no rechazó como quimeras una inmensa cantidad de descubrimientos, que más tarde han hecho ilustre la memoria de sus autores? ¿No fue debido a un informe de nuestra principal comunidad científica que Francia se vio privada de la iniciativa del vapor? Cuando Fulton fue al campamento de Boulogne a presentar su proyecto a Napoleón I, que de inmediato confió su examen al Instituto, ¿no concluyó este que aquel sistema era una fantasía *impracticable*, y que no debía ocuparse de él? ¿Debemos concluir de ahí que los miembros del Instituto son ignorantes, y que su actitud justifica los epítetos triviales que, a fuerza de mal gusto, ciertas personas se complacen en prodigarles? Por cierto que no. No hay una sola persona sensata que no haga justicia a su saber eminente, aunque sin dejar de reconocer que ellos no son infalibles y que, por lo tanto, sus dictámenes no son inapelables, sobre todo en lo relativo a las ideas nuevas.

El Visitante.- Admito plenamente que ellos no son infalibles; pero no es menos cierto que, en virtud de su saber, la opinión que emiten vale algo, y si esa opinión estuviese de vuestro lado le conferiría una gran importancia a vuestro sistema.

A. K.- Admitid, también, que nadie puede ser buen juez en aquello que está fuera de su competencia. Si quisierais construir una casa, ¿le confiaríais esa tarea a un músico? Si estuvieseis enfermo, ¿iríais a ver a un arquitecto? Si hubiese un proceso en vuestra contra, ¿pediríais la opinión de un bailarín? Por último, si se tratara de una cuestión de teología, ¿iríais a pedir la solución a un químico o a un astrónomo? No; a cada cual su especialidad. Las ciencias vulgares se basan en las propiedades de la materia, que se puede manipular a voluntad, y los fenómenos que esta produce tienen por agentes fuerzas materiales. Los fenómenos del espiritismo tienen como agentes inteligencias que poseen independencia, libre albedrío, y que no están sometidas a nuestros caprichos, de modo que escapan a nuestros procesos de laboratorio y a nuestros cálculos. Por consiguiente, se hallan fuera de los dominios de la ciencia propiamente dicha.

La ciencia se equivocó cuando se propuso experimentar con los Espíritus como lo hace con una pila voltaica. Fracasó, y así debía suceder, porque obró sobre la base de una analogía que no existe. Luego, sin ir más allá, concluyó por la negativa: un juicio temerario que el tiempo se encarga de corregir cada día, como ha corregido tantos otros, mientras que aquellos que lo han emitido pasarán por la vergüenza de haber procedido con tanta ligereza en contra del poder infinito del Creador.

Las comunidades científicas no tienen ni tendrán nunca que pronunciarse acerca de esta cuestión. No es de su incumbencia, como tampoco lo es la de decretar si Dios existe o no. Es, pues, un error convertirlas en jueces en este caso. El espiritismo es una cuestión de creencia personal que no puede depender del voto de una asamblea, porque ese voto, aunque le fuese favorable, no tiene el poder de forzar las convicciones. Cuando la opinión pública se haya informado al respecto, los científicos lo aceptarán como individuos, y se someterán a la fuerza de las circunstancias. Dejad que pase una generación, y con ella los prejuicios de su obstinado amor propio, y veréis que con el espiritismo ocurrirá lo mismo que ocurrió con otras verdades que fueron combatidas, y acerca de las cuales actualmente sería ridículo dudar. Hoy se califica de locos a los que creen en el espiritismo, exactamente como sucedió con aquellos que creían en el movimiento de rotación de la Tierra. Mañana será el turno de los que no creen.

Pero no todos los científicos han opinado del mismo modo; y tened en cuenta que ahora denomino científicos a los hombres de estudio y de saber, tengan o no un título oficial. Muchos han hecho el siguiente razonamiento: "No hay efecto sin causa, y los efectos más comunes pueden conducirnos a la solución de los más difíciles problemas. Si Newton no hubiese prestado atención a la caída de una manzana; si Galvani hubiese rechazado a su criada y la hubiera tratado de loca y visionaria cuando esta le refirió que las ranas bailaban en el plato, tal vez hasta el día de hoy ignorásemos la admirable ley de la gravitación universal y las fecundas propiedades de la pila eléctrica. El fenómeno que se designa con la expresión burlesca de *danza de las mesas* no es más ridículo que el de la *danza de las ranas*, y quizás encierre también algunos de esos secretos de la naturaleza que, cuando se tiene la clave para explicarlos, revolucionan a la humanidad".

Ellos han dicho además: "Ya que tantas personas se ocupan con estos fenómenos, y hombres serios los han tomado como objeto de estudio, se debe a que existe algo en ellos. Una ilusión, un loco capricho, si se quiere, no puede tener ese carácter de generalidad. Podría seducir a un círculo, a un grupo de personas, pero no recorrería el mundo entero. Abstengámonos, pues, de negar la posibilidad de aquello que no comprendemos, pues nos expondríamos a recibir tarde o temprano un desmentido que no halagaría a nuestra perspicacia".

El Visitante.- ¡Muy bien! Ese es un científico que razona con sabiduría y prudencia. Por mi parte, sin ser científico, pienso como él. Observad, sin embargo, que él nada afirma, sino que duda. Ahora bien, ¿en qué base se apoya la creencia en la existencia de los Espíritus y, sobre todo, la posibilidad de que se comuniquen con nosotros?

A. K.- Esa creencia se apoya en el razonamiento y en los hechos. Yo mismo no la adopté hasta después de haber hecho un minucioso examen. Habiendo adquirido en el estudio de las ciencias exactas el hábito de las cosas positivas, he sondeado y escrutado esa nueva ciencia en sus más recónditos pliegues; busqué la explicación de todo, porque sólo admito una idea cuando conozco el cómo y el porqué. Este es el razonamiento que me hacía un ilustre médico, que fue un incrédulo y ahora es un adepto ferviente: "Dicen que se comunican seres invisibles; y ¿por qué no? Antes de que se inventara el microscopio, ¿alguien sospechaba de la existencia de esos miles de animálculos que ocasionan tantos trastornos al organismo? ¿Qué es lo que impediría materialmente que haya en el espacio seres que escapan a nuestros sentidos? ¿Tendremos acaso la ridícula pretensión de saberlo todo y de decir que Dios no puede revelarnos nada más? Si esos seres invisibles que nos rodean son inteligentes, ¿por qué no podrían comunicarse con nosotros? Si están en relación con los hombres, deben desempeñar un rol en su destino, en los acontecimientos de la vida. ¿Quién sabe si no constituyen uno de los poderes de la naturaleza, una de esas fuerzas ocultas de las que ni siquiera sospechamos? ¡Qué nuevo horizonte se abriría ante el pensamiento! ¡Qué vasto campo de observación! El descubrimiento del mundo de los invisibles tendría un alcance mucho mayor que el de los infinitamente pequeños; sería más que un descubrimiento: sería una revolución en las ideas. ¡Cuánta luz puede brotar de ahí! ¡Cuántas cosas misteriosas explicadas! Los creyentes son ridiculizados, pero ¿qué prueba eso? ¿Acaso no sucedió lo mismo con todos los grandes descubrimientos? Cristóbal Colón, ¿no fue repudiado, humillado con disgustos y tratado como insano? Esas ideas —dicen— son tan extrañas que no merecen crédito. Pero al que hubiese afirmado, hace apenas medio siglo, que en pocos minutos se establecería correspondencia entre dos puntos opuestos del mundo; que en algunas horas se atravesaría Francia; que con el vapor producido por un poco de agua hirviendo un navío podría avanzar contra el viento; que se extraería del agua los medios para iluminarse y calentarse; que se podría iluminar toda la ciudad de París en unos pocos instantes y con la sola reserva de una sustancia invisible, ¡se le habrían reído en la cara! ¿Será algo más prodigioso que todo eso el hecho de que el espacio esté poblado por seres pensantes que, después de que han vivido en la Tierra, dejaron en ella su envoltura material? ¿No se halla en este hecho la explicación de una cantidad de creencias que se remontan a la más lejana antigüedad? Vale la pena profundizar en esas cosas".

Estas son las reflexiones de un científico, pero que no tiene pretensiones; son también las de una multitud de hombres esclarecidos. Ellos han visto, no superficialmente ni con prevención; han estudiado seriamente y sin prejuicios, y han tenido la modestia de no decir: "No comprendo. Por lo tanto, esto no es verdad". Su convicción se ha formado por medio de la observación y del razonamiento. Si esas ideas hubiesen sido quiméricas, ¿suponéis que todos esos hombres de élite las habrían adoptado? ¿Suponéis que por tanto tiempo habrían podido ser víctimas de una ilusión?

No hay, pues, una imposibilidad material en el hecho de que existan seres invisibles para nosotros que pueblan el espacio, y sólo esta consideración debería ser suficiente para exigir mayor circunspección. ¿Quién hubiera pensado, poco tiempo atrás, que una sola gota de agua trasparente encerrase millares de seres cuya extrema pequeñez confunde nuestra imaginación? Ahora bien, considero que es más difícil para la razón concebir seres tan diminutos, provistos de todos nuestros órganos y funcionando como nosotros, que admitir a aquellos a quienes denominamos Espíritus.

El Visitante.- Sin duda, pero que una cosa sea posible no implica que exista.

A. K.- De acuerdo. Pero no podéis dejar de convenir en que desde que una cosa no es imposible, eso ya es un gran adelanto, porque la razón no la rechaza. Resta, pues, constatarla mediante la observación de los hechos. Ahora bien, esa observación no es nueva: tanto la historia sagrada como la profana prueban la antigüedad y la universalidad de esa creencia, que se ha perpetuado a través de todas las vicisitudes del mundo, y que se encuentra entre los pueblos más salvajes en estado de ideas innatas e intuitivas, y tan grabadas en el pensamiento como la del Ser supremo y la de la existencia futura. Por consiguiente, el espiritismo no es una creación moderna. Todo prueba que los antiguos lo conocían tan bien o quizás mejor que nosotros; sólo que se enseñaba mediante precauciones misteriosas que lo hacían inaccesible para el vulgo, abandonado deliberadamente en el lodazal de la superstición.

En cuanto a los hechos, estos son de dos naturalezas: unos espontáneos y otros provocados. Entre los primeros hay que incluir las visiones y las apariciones, ambas muy frecuentes; los ruidos, alborotos y movimientos de objetos sin una causa material, y una gran cantidad de efectos insólitos a los que se consideraba sobrenaturales y que hoy nos parecen simples, porque para nosotros no hay nada que sea sobrenatural, visto que todo se somete a las leyes inmutables de la naturaleza. Los hechos provocados son los obtenidos por intermedio de los médiums.

Falsas explicaciones de los fenómenos

Alucinación. Fluido magnético. Reflejo del pensamiento. Sobreexcitación cerebral. Estado sonambúlico de los médiums.

El Visitante.- La crítica se opone sobre todo a los fenómenos provocados. Si dejamos de lado toda suposición de charlatanismo, y admitimos la más absoluta buena fe, ¿no se podría pensar que los médiums son víctimas de una alucinación?

A. K.- Que yo sepa, aún no se ha conseguido explicar claramente el mecanismo de la alucinación. Tal como se la entiende, es un efecto muy singular y digno de estudio. Entonces, si no pueden explicarla, ¿cómo es posible que algunos recurran a ella para dar cuenta de los fenómenos espíritas? Por otra parte, hay hechos que escapan a esa hipótesis: cuando una mesa u otro objeto se mueve, se levanta o golpea; cuando se pasea libremente por una habitación sin que nadie la toque; cuando se separa del suelo y permanece suspendida en el espacio sin un punto de apoyo; cuando, por último, se rompe al caer, por cierto que no se trata de una alucinación. Si se supone que el médium, por efecto de su imaginación, cree ver lo que no existe, ¿será posible que todos los presentes sean víctimas del mismo desvarío? ¿Y cuando el mismo hecho se produce en todas partes, en todos los países? En ese caso, la alucinación sería un fenómeno mucho más prodigioso que el hecho mismo.

El Visitante.- Si se admite la realidad del fenómeno de las mesas que giran y producen golpes, ¿no será más racional atribuirlo a la acción de algún fluido; del fluido magnético, por ejemplo?

A. K.- Esa fue la primera idea, y yo la he tenido, como tantos otros. Si los fenómenos se hubiesen limitado a esos efectos materiales, no cabe duda de que podrían ser explicados de ese modo. Pero cuando esos movimientos y golpes nos dieron pruebas de inteligencia; cuando se reconoció que respondían al pensamiento con entera libertad, se llegó a la siguiente conclusión: *Si todo efecto tiene una causa, todo efecto inteligente tiene una causa inteligente.* Ahora bien, ¿podrían esos fenómenos ser el efecto de un fluido, sin que se admita que ese fluido está dotado de inteligencia? Cuando veis que los brazos del telégrafo hacen señales que transmiten el pensamiento, comprendéis perfectamente que esos brazos, de madera o de hierro, no son inteligentes, sino que es una inteligencia la que hace que se muevan. Lo mismo sucede con la mesa. ¿Se producen o no efectos inteligentes? Esa es la cuestión. Los que lo ponen en duda son personas que no lo han visto todo, pero que pese a eso se apresuran a sacar conclusiones según sus propias ideas y basadas en observaciones superficiales.

El Visitante.- A eso se puede responder que si existe un efecto inteligente, este no es más que el reflejo de la propia inteligencia del médium, o bien de la persona que interroga, o incluso de los presentes, dado que –según se afirma– la respuesta recibida está siempre en el pensamiento de alguien.

A. K.- Se trata de otro error originado en la falta de observación. Si los que piensan de ese modo se hubiesen tomado el trabajo de estudiar el fenómeno en todas sus fases, habrían reconocido a cada paso la independencia absoluta de la inteligencia que se manifiesta. ¿Cómo se podría conciliar esa tesis con respuestas que están fuera del alcance intelectual y de la instrucción del médium, respuestas que contradicen sus ideas, deseos y opiniones, o que frustran por completo las previsiones de los asistentes? ¿Y cuando los médiums escriben en una lengua que no conocen, o en su propia lengua, aunque no sepan leer ni escribir? A primera vista, esa opinión no tiene nada de irracional, convengo en ello, pero es desmentida por hechos tan numerosos y concluyentes, que ante ellos la duda ya no es posible.

Además, aun cuando se admita esa teoría, el fenómeno, lejos de simplificarse, sería mucho más prodigioso. ¡Cómo! ¿El pensamiento podría reflejarse en una superficie, como lo hacen la luz, el sonido, el calor? En realidad, habría en esto un motivo para que la ciencia ejercitara su sagacidad. Y, además, lo maravilloso sería aún mayor, porque al hallarse reunidas veinte personas, sería precisamente el pensamiento de esta o de aquella el reflejado, y no el de alguna otra. Un sistema así no tiene sustento. Es realmente curioso ver a los contradictores empeñados en buscar causas cien veces más extraordinarias y difíciles de comprender que las que se les presentan.

El Visitante.- ¿No se podría admitir –según la opinión de algunos– que el médium se encuentra en un estado de crisis y goza de una lucidez que le confiere una percepción sonambúlica, una especie de doble vista, lo que explicaría la ampliación momentánea de sus facultades intelectuales? Porque –según dicen– las comunicaciones obtenidas a través de los médiums no exceden el alcance de las que dan los sonámbulos.

A. K.- También este es un sistema que no resiste un análisis profundo. El médium no se encuentra en crisis, ni duerme, sino que se halla perfectamente despierto, y obra y piensa como todo el mundo, sin que presente nada extraordinario. Ciertos efectos particulares han dado lugar a esa suposición. No obstante, quien no se limite a juzgar las cosas por un solo aspecto, reconocerá sin dificultad que el médium está dotado de una facultad particular que no permite confundirlo con el sonámbulo, y la absoluta independencia de su pensamiento está demostrada por hechos muy evidentes. Si se dejan de lado las comunicaciones escritas, ¿cuál es el sonámbulo que alguna vez ha hecho salir un pensamiento de un cuerpo inerte? ¿Cuál de ellos fue capaz de producir apariciones visibles e incluso tangibles? ¿Cuál hizo que un cuerpo pesado se mantuviese suspendido en el aire sin un punto de apoyo? ¿Será por un efecto sonambúlico que un médium dibujó un día, en mi casa y en presencia de veinte testigos, el retrato de una joven muerta hacía dieciocho meses, y a quien él no había conocido, retrato que reconoció el padre de la joven, el cual se hallaba presente en la sesión? ¿También será por un efecto sonambúlico que una mesa responde con precisión a las preguntas que se le proponen, incluso a las hechas mentalmente? Por cierto, si se admite que el médium se encuentra en un estado magnético, me parece difícil de creer que la mesa sea sonámbula.

Dicen también que los médiums sólo hablan con claridad de cosas conocidas. En ese caso, ¿cómo explicar el hecho siguiente y otros cien del mismo género? Un amigo mío, muy buen médium escribiente, preguntó a un Espíritu si una persona a la que no veía hacía quince años pertenecía aún a este mundo. "Sí, todavía vive –fue la respuesta–; reside en París, calle tal, número tanto." Mi amigo fue y encontró a la persona en el lugar indicado. ¿Será eso una ilusión? Su pensamiento jamás podría haberle sugerido esa respuesta, porque tomando en cuenta la edad de la persona por la que él preguntaba, había muchas probabilidades de que ya no existiera. Si en ciertos casos encontramos respuestas que coinciden con el pensamiento de quien pregunta, ¿será racional concluir que eso es una ley general? En esto, como en todas las cosas, los juicios precipitados son siempre peligrosos, porque pueden ser desmentidos por hechos que aún no se han observado.

No basta con que los incrédulos vean para que se convenzan

El Visitante.- Lo que a los incrédulos les gustaría ver, lo que ellos piden, y la mayoría de las veces no se les puede ofrecer, son hechos positivos. Si todos fuesen testigos de esos hechos, la duda ya no sería posible. ¿Cómo se explica, pues, que tantas personas no hayan visto nada, a pesar de la buena voluntad que demuestran? Ellas dicen que se les presenta como motivo su falta de fe, a lo que responden –y con razón– que no pueden tener fe anticipadamente, y que por eso se les deben dar los medios para que crean.

A. K.- La razón es muy sencilla. Quieren que los hechos obedezcan sus órdenes, pero no se puede dar órdenes a los Espíritus. Es preciso aguardar su buena voluntad. No basta con decir: "Mostradme tal hecho, y creeré". Hay que tener la voluntad de perseverar, dejar que los hechos se produzcan espontáneamente, sin pretender forzarlos ni dirigirlos. El hecho que más deseáis tal vez sea, precisamente, el que no conseguiréis; pero habrá otros, y el que queríais se presentará cuando menos lo esperéis. A los ojos del observador atento y asiduo, ellos aparecen en gran cantidad y se corroboran unos a otros. Sin embargo, quien suponga que basta con girar una manivela para hacer que la máquina funcione, está absolutamente equivocado. ¿Qué hace el naturalista cuando desea estudiar los hábitos de un animal? ¿Le ordena que haga tal o cual cosa para observarlo a su gusto? No, porque sabe perfectamente que el animal no le obedecerá. Entonces *espía* las manifestaciones espontáneas del instinto del animal; las espera y las recoge tan pronto como aparecen. El simple buen sentido demuestra que con mayor razón se debe proceder del mismo modo con los Espíritus, que son inteligencias mucho más independientes que los animales.

Es un error suponer que la fe sea necesaria; pero la *buena fe* es otra cosa. Ahora bien, algunos escépticos niegan hasta la evidencia, y ni siquiera un prodigio los convencería. ¡Cuántos hay que, después de haber visto, persisten todavía en explicar los hechos a su modo, y alegan que lo que han visto no prueba nada! Esas personas sólo sirven para perturbar las reuniones, sin que ellas mismas obtengan ningún beneficio. A eso se debe que las dejemos de lado, pues no queremos perder nuestro tiempo. Muchos incluso quedarían molestos si se vieran forzados a creer, porque su amor propio quedaría herido con la confesión de que estaban equivocados. ¿Qué se puede responder a quienes no ven por todas partes más que desvaríos y charlatanismo? Nada; es mejor dejarlos en paz; que digan todo lo que quieran, que no han visto nada e incluso que nada se pudo o se quiso mostrarles.

Al lado de esos escépticos obstinados se encuentran los que quieren ver a su modo. Son aquellos que, habiéndose formado una opinión, pretenden explicar todo por medio de ella. No comprenden por qué los fenómenos no pueden obedecer a su voluntad; no saben o no quieren ponerse en las condiciones necesarias para obtenerlos. Ahora bien, quien desee observar de buena fe debe, no diré creer bajo palabra, sino abandonar toda idea preconcebida y no pretender asimilar cosas incompatibles. Debe aguardar, insistir, observar con paciencia infatigable. Esta condición también es favorable para los adeptos,

porque prueba que no han formado su convicción con ligereza. ¿Disponéis vos de esa paciencia? "No —diréis—, no tengo
tiempo." Entonces no os ocupéis más de eso, y tampoco ha-
bléis del asunto, visto que nadie os obliga a ello.

Buena o mala voluntad de los Espíritus
para convencer

El Visitante.- Sin embargo, los Espíritus deben de estar
interesados en hacer prosélitos. ¿Por qué no se empeñan más
en convencer a ciertas personas cuya opinión tendría gran
influencia?

A. K.- Aparentemente, por ahora, no están dispuestos a
convencer a ciertas personas, a quienes no atribuyen la importancia que ellas pretenden tener. Eso es poco halagador,
convengo en ello, pero no tenemos el derecho de imponerles
nuestra opinión. Los Espíritus tienen su manera de juzgar las
cosas, que no siempre es igual a la nuestra. Ven, piensan y
obran según otros elementos. Mientras que nuestra vista está
circunscrita por la materia, limitada por el estrecho círculo
en que vivimos, ellos abarcan el conjunto. El tiempo, que
nos parece tan largo, es para ellos un instante; y la distancia,
un simple paso. Ciertos detalles, que nos parecen de suma
importancia, son frivolidades para su entender. En compensación, atribuyen importancia a ciertas cosas cuyo verdadero
alcance se nos escapa. Para comprenderlos es preciso que nos
elevemos mediante el pensamiento por encima de nuestro horizonte material y moral, y que nos coloquemos en su punto
de vista, dado que no son ellos quienes deben descender hasta
nosotros, sino nosotros los que debemos elevarnos hasta ellos,
conforme nos enseña el estudio y la observación.

Los Espíritus aprecian a los observadores asiduos y concienzudos. Para estos, ellos multiplican las fuentes de luz. Lo que los aleja no es la duda nacida de la ignorancia, sino la presunción de esos supuestos observadores que nada observan, que pretenden colocarlos en el banquillo de los acusados y hacer que se muevan como marionetas; sobre todo, los aleja el sentimiento de hostilidad y descrédito que albergan en sus pensamientos, cuando no lo traducen con palabras. Para ellos los Espíritus no hacen nada, y les interesa muy poco lo que puedan decir o pensar, porque también les llegará su oportunidad. Por esa razón os he dicho que no es la fe lo que se necesita, sino la buena fe.

Origen de las ideas espíritas modernas

El Visitante.- Algo que desearía saber, señor, es el punto de partida de las ideas espíritas modernas. ¿Se deben a una revelación espontánea de los Espíritus, o son el resultado de una creencia previa en la existencia de ellos? Bien comprendéis la importancia de mi pregunta, porque en este último caso podría admitirse que ha intervenido la imaginación.

A. K.- Como habéis dicho, señor, esa cuestión es importante desde ese punto de vista, aunque sea difícil admitir —en la suposición de que esas ideas hayan nacido de una creencia anticipada— que la imaginación sea capaz de producir todos los resultados materiales observados. De hecho, si el espiritismo se basara en la idea preconcebida de la existencia de los Espíritus, con alguna apariencia de razón se podría dudar de su realidad, porque si la causa fuese una quimera, también lo serían sus consecuencias. Pero las cosas no ocurrieron de ese modo.

Observad, en primer lugar, que ese razonamiento sería absolutamente ilógico. Los Espíritus son una causa y no un efecto. Cuando se ve un efecto, puede buscarse su causa, pero no es natural imaginar una causa *antes de haber visto sus efectos*. No se podía, pues, concebir la idea de la existencia de los Espíritus si no se hubiesen mostrado efectos cuya explicación probable fuese la existencia de seres invisibles. ¡Pues bien! No fue de este modo que surgió la idea, es decir, no se imaginó una hipótesis con el fin de explicar ciertos fenómenos. La primera suposición que se hizo fue la de una causa completamente material. Así, lejos de que los Espíritus hayan sido una idea preconcebida, se partió del punto de vista *materialista*. Pero como ese punto de vista era insuficiente para explicar todo, solamente la observación condujo a la causa espiritual. Me refiero a las ideas espíritas modernas, pues sabemos que esa creencia es tan antigua como el mundo. Veamos cómo se dieron las cosas.

Se producían diversos fenómenos espontáneos, tales como ruidos extraños, golpes, movimientos de objetos, etc., sin una causa ostensible conocida, y esos fenómenos podían ser reproducidos bajo la influencia de ciertas personas. Nada hasta ahí autorizaba a que se buscara su causa fuera de la acción de un fluido magnético u otro cualquiera, de propiedades todavía desconocidas. Pero no se tardó en reconocer en esos ruidos y movimientos un carácter intencional e inteligente, de donde se concluyó, como ya he dicho, que si todo efecto tiene una causa, todo efecto inteligente debe tener una causa inteligente. Esa inteligencia no podía estar en el objeto, porque la materia no es inteligente. ¿Sería el reflejo de la inteligencia de la persona o de las personas presentes? Al comienzo se pensó de ese modo, como también he dicho. Sólo la experiencia podía pronunciarse, y ella ha demostrado mediante pruebas irrefutables, y en diversas circunstancias, la absoluta independencia de la inteligencia que se manifestaba. Esta, pues, no pertenecía al objeto ni a la persona. ¿Quién era entonces? Ella misma respondió, declarando que pertenecía al orden de los seres incorporales, designados con el nombre de Espíritus. Por consiguiente, la idea de los Espíritus no existía previamente, ni tampoco fue consecutiva. En una palabra, no nació del cerebro de nadie, sino que nos fue dada por los propios Espíritus, que también nos han enseñado todo lo que hemos llegado a saber acerca de ellos.

Una vez revelada la existencia de los Espíritus y establecidos los medios para comunicarse con ellos, se pudo mantener conversaciones continuas y obtener informaciones sobre la naturaleza de esos seres, las condiciones de su existencia y su rol en el mundo visible. Si pudiésemos interrogar del mismo modo a los seres del mundo de los infinitamente pequeños, ¡cuántas cosas curiosas aprenderíamos acerca de ellos!

Supongamos que hubiera existido un hilo eléctrico tendido en el Atlántico, entre Europa y la América precolombina, y que en su extremidad europea se hubiesen producido algunas señales inteligentes. De ahí se habría concluido que en el otro extremo se encontraban seres inteligentes que buscaban comunicarse con nosotros, los cuales habrían respondido a nuestras preguntas. De ese modo habríamos quedado seguros de su existencia y conoceríamos sus costumbres, sus hábitos y su modo de ser, a pesar de no haberlos visto nunca. Eso fue lo que ocurrió en las relaciones con el mundo invisible: las manifestaciones materiales fueron como señales, medios de aviso que nos condujeron a comunicaciones más regulares y más continuas. Y —cosa notable— a medida que medios más sencillos de comunicación son puestos a nuestra disposición, los Espíritus abandonan los medios primitivos, insuficientes e incómodos, tal como el mudo que cuando recupera la palabra renuncia al lenguaje de las señas.

¿Quiénes eran los habitantes de ese mundo? ¿Eran seres aparte, extraños a la humanidad? ¿Eran buenos o malos? Una vez más la experiencia se encargó de resolver esas cuestiones. No obstante, hasta que numerosas observaciones hubieron derramado luz sobre el asunto, el campo de las conjeturas y de los sistemas estuvo abierto, ¡y sólo Dios sabe cuántos surgieron! Algunos creyeron que los Espíritus eran superiores en todo, mientras que otros no vieron en ellos más que demonios, cuando sólo por sus palabras y actos podían juzgarlos. Supongamos que entre los desconocidos habitantes transatlánticos de los que acabamos de hablar, algunos hayan dicho cosas muy buenas, mientras que otros se hubiesen hecho notar por el cinismo de su lenguaje, en cuyo caso se habría deducido de inmediato que entre ellos había buenos y malos. Así ocurrió con los Espíritus, y se reconoció entre ellos todos los grados de bondad y de maldad, de saber y de ignorancia. Una vez debidamente informados de los defectos y de las cualidades que se encuentran entre ellos, corresponde a nuestra prudencia distinguir lo que es bueno de lo que es malo, lo verdadero de lo falso en sus relaciones con nosotros, exactamente como procedemos en relación con los hombres.

La observación no nos esclareció solamente sobre las cualidades morales de los Espíritus, sino también sobre su naturaleza y sobre su estado fisiológico, si así nos podemos expresar. Entonces se supo, por ellos mismos, que unos son muy felices y otros son muy desdichados; que no son seres aparte, de naturaleza excepcional, sino las almas de aquellos que ya han vivido en la Tierra, donde dejaron su envoltura corporal, y que hoy pueblan los espacios, nos rodean y sin cesar se codean con nosotros. Además, cada uno pudo reconocer entre ellos, por señales indiscutibles, a *sus parientes y amigos, así como a los que había conocido en la Tierra.* Fue posible acompañarlos en todas las fases de su existencia de ultratumba, desde el instante en que abandonaron el cuerpo, y observar su situación según el género de muerte y el modo por el cual habían vivido en la Tierra. Se supo, en fin, que los Espíritus no son seres abstractos, inmateriales, en el sentido absoluto de la palabra, sino que tienen una envoltura a la que denominamos *periespíritu*, una especie de cuerpo fluídico, vaporoso, diáfano, invisible en el estado normal, pero que en ciertos casos, y por una especie de condensación o de disposición molecular, puede hacerse momentáneamente visible y hasta tangible. A partir de entonces quedó explicado el fenómeno de las apariciones y de los tocamientos. Esa envoltura existe durante la vida del cuerpo: es el lazo entre el Espíritu y la materia. Cuando el cuerpo muere, el alma o Espíritu –que es la misma cosa– sólo se despoja de su envoltura densa, y conserva la segunda, del mismo modo como nos quitamos las prendas exteriores de nuestra vestimenta para sólo conservar las interiores, y del mismo modo como el germen de un fruto se despoja de la envoltura cortical y conserva apenas el *perispermo*. Esa envoltura semimaterial del Espíritu es el agente de los diferentes fenómenos por medio de los cuales él manifiesta su presencia.

Esa es, en pocas palabras, señor, la historia del espiritismo. Ya veis, y habréis de reconocerlo mejor aun cuando lo hayáis estudiado en profundidad, que todo en él es el resultado de la observación y no de un sistema preconcebido.

Medios de comunicación

El Visitante.- Habéis hablado de los medios de comunicación. ¿Podríais darme una idea de ellos? Es difícil comprender cómo esos seres invisibles pueden conversar con nosotros.

A. K.- Con mucho gusto. Sin embargo, voy a hacerlo de forma resumida, porque esto exigiría un amplio desarrollo, que encontraréis principalmente en *El libro de los médiums.* Pero lo poco que os diré al respecto bastará para poneros al tanto del mecanismo y servirá, sobre todo, para que comprendáis mejor algunas de las experiencias a las que podréis asistir mientras os iniciáis por completo.

La existencia de esa envoltura semimaterial, o periespíritu, ya es una clave para la explicación de muchas cosas y muestra la posibilidad de ciertos fenómenos. En cuanto a los medios, son muy variados y dependen tanto de la naturaleza más o menos purificada de los Espíritus, como de las disposiciones particulares de las personas que les sirven de intermediarias. El más común, el que puede denominarse universal, consiste en la intuición, es decir, en las ideas y los pensamientos que ellos nos sugieren. No obstante, se trata de un medio muy poco apreciable en la generalidad de los casos. Existen otros más materiales.

Ciertos Espíritus se comunican por medio de golpes, con los que responden *sí* o *no*, o indicando las letras que deben formar las palabras. Los golpes pueden obtenerse por el movimiento de oscilación de un objeto; de una mesa, por ejemplo, que golpea con una de sus patas. A menudo se escuchan en la sustancia misma de los cuerpos, sin que estos se muevan. Ese modo primitivo es lento y se presta con dificultad a comunicaciones de cierta extensión. Ha sido sustituido por la escritura, que se obtiene de diferentes maneras. Al comienzo se empleó, y algunas veces se emplea aún, un objeto móvil, como una tablilla, una pequeña cesta, una caja, a la cual se adapta un lápiz cuya punta se apoya sobre el papel. La naturaleza y la sustancia del objeto son indiferentes. El médium coloca las manos sobre ese objeto, al cual transmite la influencia que recibe del Espíritu, y el lápiz traza las letras. Con todo, el objeto empleado de ese modo no es, propiamente hablando, más que un apéndice de la mano, una especie de portalápiz. Más tarde se reconoció la inutilidad de ese intermediario, que sólo es una complicación del proceso de escritura, y cuyo único mérito está en demostrar de un modo más material la independencia del médium, ya que este puede escribir tomando el lápiz con su propia mano.

Además, los Espíritus se manifiestan y pueden transmitir sus pensamientos por medio de sonidos articulados, que vibran en el aire o en el interior del oído; también lo hacen por la voz del médium, por la vista, por dibujos, por la música y por otros medios que un estudio completo da a conocer. Los médiums poseen, para esos diferentes medios de comunicación, aptitudes especiales que dependen de la disposición de su organismo. Así, tenemos médiums de efectos físicos, es decir, aptos para producir fenómenos materiales, como golpes, movimientos de cuerpos, etc.; médiums auditivos, parlantes, videntes, dibujantes, músicos, escribientes. Esta última facultad es la más común, la que mejor se desarrolla con el ejercicio, y también es la más valiosa, porque permite comunicaciones más extensas y más rápidas.

El médium escribiente presenta numerosas variedades, de las cuales dos son muy nítidas. Para comprenderlas, es preciso tener conocimiento del modo por el cual se produce el fenómeno. El Espíritu actúa algunas veces directamente sobre la mano del médium, a la cual da un impulso totalmente independiente de la voluntad de este, y sin que él tenga conciencia de lo que escribe: se trata del *médium escribiente mecánico*. Otras veces actúa sobre el cerebro del médium, en cuyo caso su pensamiento se comunica con el de este, que entonces, si bien escribe de modo involuntario, tiene conciencia más o menos nítida de lo que obtiene: se trata del *médium intuitivo*; su rol es exactamente el de un intérprete que transmite un pensamiento que no es el suyo y que, a pesar de eso, debe comprender. Aunque en este caso el pensamiento del Espíritu y el del médium se confunden algunas veces, la experiencia enseña a distinguirlos fácilmente. Se obtienen comunicaciones igualmente buenas por esos dos géneros de médiums; la ventaja de los que son mecánicos es provechosa principalmente para las personas que aún no están convencidas. Por lo demás, la cualidad esencial de un médium reside mucho más en la naturaleza de los Espíritus que lo asisten y en las comunicaciones que recibe, que en los medios de ejecución.

El Visitante.- El proceso me parece de los más sencillos. ¿Podría experimentarlo yo mismo?

A. K.- Perfectamente. Incluso os digo que si estuvierais dotado de la facultad mediúmnica, dispondríais del mejor medio para convenceros, porque no podríais dudar de vuestra buena fe. Sólo os recomiendo vivamente que no intentéis ningún ensayo antes de un esmerado estudio. Las comunicaciones de ultratumba están rodeadas de más dificultades de las que se supone; no están exentas de inconvenientes e incluso de peligros para aquellos que carecen de la experiencia necesaria. Sucede con esto lo mismo que le ocurriría a aquel que sin saber de química tratara de hacer preparados químicos. Correría el riesgo de quemarse los dedos.

El Visitante.- ¿Habrá alguna señal por la cual se pueda reconocer que se posee esa aptitud?

A. K.- Hasta ahora no se conoce ningún diagnóstico para la mediumnidad. Todos los que se había creído descubrir carecen de valor. Experimentar es el único medio de saber si se posee esa facultad. Además, los médiums son muy numerosos, y aun cuando nosotros mismos no lo seamos, es rarísimo que no se encuentre algún médium entre los miembros de la familia o entre las personas que nos rodean. El sexo, la edad y el temperamento no tienen incidencia; hay médiums entre los hombres y las mujeres, entre los niños y los ancianos, entre las personas sanas y las que están enfermas.

Si la mediumnidad se tradujese por alguna señal exterior, eso implicaría la permanencia de la facultad, mientras que ésta es esencialmente móvil y fugitiva. Su causa física se encuentra en la asimilación, más o menos fácil, de los fluidos periespirituales del encarnado y del Espíritu desencarnado. Su causa moral está en la voluntad del Espíritu, que se comunica cuando le place, y no en nuestra voluntad. De ahí resulta: 1.º que no todos los Espíritus pueden comunicarse indiferentemente a través de todos los médiums; 2.º que todo médium puede perder, o ver interrumpida su facultad, cuando menos lo espera. Como veis, bastan estas pocas palabras para demostraros que hay en esto un estudio completo por hacer, a fin de darse cuenta de las variaciones que ese fenómeno presenta.

Sería, pues, un error suponer que todos los Espíritus pueden acudir al llamado que se les hace, y comunicarse con el primer médium que se presente. Para que un Espíritu se comunique, es preciso: 1.º que le convenga hacerlo; 2.º que su posición o sus ocupaciones se lo permitan; 3.º que encuentre en el médium un instrumento favorable, apropiado a su naturaleza.

En principio, podemos comunicarnos con los Espíritus de todas las categorías, con nuestros parientes y amigos, con los más elevados tanto como con los más vulgares. No obstante, independientemente de las condiciones individuales de posibilidad, ellos vienen con relativa buena voluntad, según las circunstancias, y *sobre todo* según su simpatía hacia las personas que los llaman, y no por el pedido del primero que pretenda evocarlos por un mero sentimiento de curiosidad. Si cuando estaban en la Tierra no se preocupaban por esas personas, tampoco lo harán después de la muerte.

Los Espíritus serios sólo acuden a las reuniones serias, donde son llamados con *recogimiento y por motivos serios*. No se prestan a responder preguntas de curiosidad, de prueba, o con una finalidad fútil, ni tampoco a experimentos.

Los Espíritus ligeros van a todas partes; pero en las reuniones serias guardan silencio y permanecen apartados para escuchar, como lo harían los estudiantes en una reunión de personas cultas. En las reuniones frívolas ellos se divierten, se burlan a menudo de los concurrentes, y responden a todo sin importarles la verdad.

Los Espíritus llamados golpeadores, y en general todos los que producen manifestaciones físicas, son de orden inferior, sin que por ello sean esencialmente malos. Tienen una aptitud de algún modo especial para los efectos materiales. Los Espíritus superiores no se ocupan de esas cosas, así como los sabios de la Tierra no se dedican a los ejercicios de fuerza muscular. Cuando aquellos precisan que esos efectos se produzcan, emplean a los Espíritus atrasados, así como nosotros nos servimos de peones para los trabajos pesados.

Médiums interesados

El Visitante.- Antes de dedicarse a un estudio de largo aliento, algunas personas querrían estar seguras de que no perderán el tiempo, y esa certeza estaría dada por un hecho concluyente, obtenido incluso a cambio de dinero.

A. K.- En aquel que no quiere tomarse el trabajo de estudiar, hay más curiosidad que deseo real de instruirse. Ahora bien, los Espíritus no aprecian más que yo a los curiosos. Por otra parte, tienen gran antipatía por la codicia, y no se prestan a nada que pueda satisfacerla. Habría que formarse una idea muy falsa de ellos para creer que Espíritus superiores, como Fenelón, Bossuet, Pascal, san Agustín, por ejemplo, se pongan a las órdenes del primero que los llame, a tanto por hora. No, señor, las comunicaciones de ultratumba son un asunto demasiado serio, y que requiere mucho respeto, para que sirvan de exhibición.

Sabemos, por otra parte, que los fenómenos espíritas no se producen como el movimiento de las ruedas de un mecanismo, pues dependen de la voluntad de los Espíritus. Aun cuando se admita que una persona posee aptitud mediúmnica, nada le garantiza que obtenga una manifestación en un momento determinado. Si los incrédulos son inducidos a sospechar de la buena fe de los médiums en general, sería mucho peor si en ellos encontraran el estímulo del interés. Se podría sospechar, y con razón, que el médium retribuido simulase alguna manifestación en caso de que el Espíritu no lo auxiliara, ya que su deseo es ganar dinero de cualquier forma. Ahora bien, además de que el desinterés absoluto es la mejor garantía de sinceridad, repugnaría a la razón evocar por dinero a los Espíritus de las personas que nos son queridas, suponiendo que consintiesen en ello, lo cual es poco probable. En todo caso, sólo se prestarían a eso Espíritus de baja categoría, poco escrupulosos en cuanto a los medios, y que no son dignos de confianza. E incluso estos mismos muchas veces encuentran un placer maligno en frustrar las combinaciones y los cálculos de su evocador.

Así pues, la naturaleza de la facultad mediúmnica se opone a que se la convierta en una profesión, ya que depende de una voluntad extraña a la del médium, y que a este podría faltarle en el momento en que más la necesitara, a menos que la sustituyera por la astucia. Con todo, si se considera que los fenómenos no se producen a voluntad, y aun cuando se admita una absoluta buena fe, sería puro efecto de la casualidad si en una sesión pagada se produjese exactamente aquello que deseábamos ver para convencernos.

Aunque dierais cien mil francos a un médium, no conseguiríais que este obtenga de los Espíritus lo que ellos no quisieran hacer. Ese incentivo, que desnaturalizaría la intención y la transformaría en un vehemente deseo de lucro, sería por el contrario un motivo para que fracasara. Cuando todos estén convencidos de esta verdad: que el afecto y la simpatía son los más poderosos motivos de atracción para los Espíritus, comprenderán que estos no atienden las solicitudes de alguien que tenga la idea de servirse de ellos para ganar dinero.

Aquel, pues, que necesite hechos que lo convenzan, debe probar a los Espíritus su buena voluntad por medio de una observación seria y paciente, en caso de que desee ser auxiliado por ellos; porque si es verdad que la fe no se impone, no es menos verdad decir que no se la puede comprar.

El Visitante.- Comprendo ese razonamiento desde el punto de vista moral. No obstante, ¿no es justo que aquel que emplea su tiempo en bien de la causa sea indemnizado, ya que queda impedido de trabajar para vivir?

A. K.- En primer lugar, ¿será que él lo hace precisamente en interés de la causa, o en el suyo propio? Si ha dejado su trabajo se debe a que no le satisfacía y esperaba ganar más o hacer un menor esfuerzo en uno nuevo. No existe devoción cuando se emplea el tiempo en algo de lo que se espera extraer un beneficio. Es exactamente como si alguien dijera que el panadero fabrica el pan para beneficio de la humanidad. La mediumnidad no es el único recurso; si él no la tuviese, procuraría ganarse la vida de otro modo. Los médiums verdaderamente serios y abnegados, cuando no tienen una existencia independiente, buscan los medios de vivir con el trabajo ordinario y no abandonan sus profesiones. Sólo consagran a la mediumnidad el tiempo que le pueden dedicar sin perjudicarse. Y si lo hacen sacrificando el tiempo destinado al ocio y al descanso, entonces demuestran una devoción que se les agradece, y se hacen aún más merecedores de aprecio y respeto.

Por otra parte, la abundancia de los médiums en las familias vuelve prescindibles a los médiums profesionales, aun cuando estos ofrezcan todas las garantías deseables, lo que es muy raro. Si no fuese por el descrédito que acompaña a esa clase de explotación –al cual me felicito de haber contribuido considerablemente–, veríamos pulular a los médiums mercenarios, y los periódicos estarían llenos de sus reclamos. Ahora bien, por cada uno que fuese leal, habría cien charlatanes que, abusando de una facultad real o *simulada*, habrían causado el mayor perjuicio al espiritismo. Es un principio, pues, que todos aquellos que ven en el espiritismo algo más que la exhibición de fenómenos curiosos, que comprenden y aprecian la dignidad, la consideración y los verdaderos intereses de esa doctrina, reprueban toda especie de especulación, cualquiera sea la forma o el *disfraz* con que se presente. Los médiums serios y sinceros –y llamo así a los que comprenden la santidad del mandato que Dios les ha confiado– evitan incluso las apariencias de lo que pudiera hacer que recayera sobre ellos la menor sospecha de codicia. Considerarían una injuria el hecho de que se los acusara de extraer algún provecho de su facultad.

Admitid, señor, por más incrédulo que seáis, que un médium en esas condiciones causaría sobre vos una impresión absolutamente distinta de la que experimentaríais si le hubieseis pagado para verlo actuar o, aunque fueseis admitido de favor, si supierais que detrás de todo aquello había una cuestión de dinero. Admitid que, al ver a ese médium animado de un verdadero sentimiento religioso, estimulado apenas por la fe y no por el incentivo del lucro, involuntariamente conquistaría vuestro respeto, aunque fuese el más humilde proletario, y habría de inspiraros más confianza, porque no tendríais ningún motivo para sospechar de su lealtad. Pues bien, señor, encontraréis mil como este por cada uno que no esté en las mismas condiciones, y esa es una de las causas que más han contribuido al crédito y a la propagación de la doctrina espírita, mientras que si esta sólo tuviese intérpretes interesados, no contaría ni con la cuarta parte de los adeptos que tiene hoy.

Esto se ha comprendido tan bien, que los médiums profesionales son muy raros, por lo menos en Francia. Se los desconoce en la mayoría de los centros espíritas de provincia, donde la reputación de mercenarios bastaría para que los excluyesen de todos los grupos serios, y donde para ellos el oficio no sería lucrativo a causa del descrédito de que se volverían objeto, así como de la competencia de los médiums desinteresados que se encuentran por todas partes.

Para suplir la facultad que les falta o la insuficiencia de la clientela, hay supuestos médiums que agregan prácticas tales como la lectura de las cartas, de la clara de huevo, de la borra del café, etc., a fin de satisfacer todos los gustos, con la esperanza de atraer por ese medio, a falta de espíritas, a los que aún creen en esas tonterías. Si sólo se perjudicaran a sí mismos, el mal no sería grande; pero hay personas que, sin ir más lejos, confunden el abuso con la realidad, y entonces los malintencionados aprovechan esa situación para decir que en eso consiste el espiritismo. Ya veis, pues, señor, que si la explotación de la mediumnidad conduce a la práctica de abusos que perjudican a la doctrina, el espiritismo serio tiene razón al no aceptarla y rechazar su auxilio.

El Visitante.- Admito que todo eso es muy lógico, pero los médiums desinteresados no se encuentran a disposición de cualquier persona, y no podemos permitirnos ir a molestarlos, mientras que no tenemos escrúpulos en acudir a aquel que recibe un pago, pues estamos seguros de que no le haremos perder el tiempo. Las personas que desean convencerse encontrarían mayor facilidad si existieran *médiums públicos*.

A. K.- Si los médiums públicos, como los llamáis, no ofrecen las garantías requeridas, ¿cómo podrían ser útiles para llevar a alguien a la convicción? El inconveniente que señaláis no hace desaparecer a los otros, mucho más graves, que ya os he citado. Las personas irían a buscarlos más por diver-

sión, o para escuchar la buenaventura, que como un medio
de instruirse. Aquel que desea seriamente convencerse, tarde o
temprano encuentra los medios para ello, toda vez que tenga
perseverancia y buena voluntad. Con todo, cuando no está
preparado, no por asistir a una sesión quedará convencido,
sobre todo si sale de allí con una impresión desfavorable y,
por lo tanto, menos dispuesto a proseguir un estudio en el
que nada serio ha visto. Eso es lo que ha demostrado la experiencia.

A la par de las consideraciones morales, los progresos de la
ciencia espírita, al hacernos conocer mejor las condiciones en
que se producen las manifestaciones, nos muestran hoy una
dificultad material que antes no se sospechaba: las afinidades
fluídicas que deben existir entre el Espíritu evocado y el médium.

Dejo de lado toda sospecha de fraude y de superchería,
y doy por supuesta la más absoluta lealtad. Para que un médium profesional pueda ofrecer plena seguridad a las personas
que vayan a consultarlo, es necesario que posea una facultad
permanente y universal, es decir, que él pueda comunicarse
fácilmente con cualquier Espíritu y en todo momento, para
estar constantemente a disposición del público, como en el
caso de un médico, y satisfacer todas las evocaciones que se
le soliciten. Ahora bien, eso no se encuentra en ningún médium, sea entre los desinteresados o entre los otros, y la razón
de ello se debe a causas independientes de la voluntad del
Espíritu, lo que no puedo desarrollar aquí porque no os estoy
dictando un curso de espiritismo. Me limitaré a deciros que
las afinidades fluídicas, que constituyen el principio mismo
de las facultades mediúmnicas, son *individuales* y no *generales*,
y pueden existir de un médium hacia tal Espíritu y no hacia

tal otro; que sin esas afinidades, cuyas variantes son múltiples, las comunicaciones resultan incompletas, falsas o imposibles; que la mayoría de las veces la asimilación fluídica entre el Espíritu y el médium sólo se establece después de algún tiempo, y apenas *una vez de cada diez* es completa desde la primera experiencia. Como veis, señor, la mediumnidad está subordinada a leyes de cierto modo orgánicas, a las cuales todo médium está sometido. Ahora bien, no se puede negar que esto constituya un obstáculo para la mediumnidad profesional, ya que la posibilidad y la exactitud de las comunicaciones provienen de causas independientes del médium y del Espíritu. (Véase más adelante, en el capítulo II, el parágrafo sobre los *médiums*.)

Por consiguiente, si rechazamos la explotación de la mediumnidad, no es por capricho ni por espíritu de sistema, sino porque los principios mismos que rigen las relaciones con el mundo invisible se oponen a la regularidad y a la precisión que necesita aquel que se pone a disposición del público, y a quien el deseo de satisfacer a la clientela que le paga, lo arrastra al abuso. Con eso no quiero decir que todos los médiums interesados sean charlatanes; digo solamente que el afán de lucro induce al charlatanismo y autoriza –cuando no la justifica– la sospecha de fraude. Quien desee convencerse debe, ante todo, buscar elementos de sinceridad.

Médiums y hechiceros

El Visitante.- Dado que la mediumnidad consiste en ponerse en relación con los poderes ocultos, me parece que médiums y hechiceros son más o menos lo mismo.

A. K.- En todas las épocas ha habido médiums naturales e inconscientes que, por el hecho de producir fenómenos insólitos y no comprendidos, fueron calificados de hechiceros y acusados de haber hecho un pacto con el diablo. Fue lo mismo que ocurrió con la mayoría de los sabios que disponían de conocimientos que estaban por encima del vulgo. La ignorancia ha exagerado su poder, y a menudo ellos mismos abusaron de la credulidad pública y la explotaron. De ahí la justa reprobación de que han sido objeto. Basta con que comparemos el poder atribuido a los hechiceros con la facultad de los verdaderos médiums, para que conozcamos la diferencia, pero la mayoría de los críticos no desea tomarse ese trabajo. Lejos de resucitar la hechicería, el espiritismo la destruye para siempre, al despojarla de su pretendido poder sobrenatural, de sus fórmulas, artimañas, amuletos y talismanes, y al reducir los fenómenos posibles a su justo valor, sin salir de las leyes naturales.

La identidad que ciertas personas pretenden establecer entre médiums y hechiceros proviene del error en que se encuentran al considerar que *los Espíritus están a las órdenes de los médiums.* Repugna a la razón de esas personas suponer que un individuo cualquiera pueda hacer que comparezca, según su voluntad y de inmediato, el Espíritu de tal o cual personaje más o menos ilustre. En eso están perfectamente con la verdad, y si antes de arrojar la piedra al espiritismo se hubiesen tomado el trabajo de estudiarlo, verían que este sostiene positivamente que *los Espíritus no están sujetos al capricho de nadie, y que nadie puede por su sola voluntad obligarlos a responder a su llamado.* De ahí se sigue que los médiums no son hechiceros.

El Visitante.- En este caso, los efectos que ciertos médiums confiables obtienen por propia voluntad y en público, ¿sólo serían –según vuestra opinión– artimañas?

A. K.- No lo digo de un modo absoluto. Esos fenómenos no son imposibles, porque hay Espíritus de baja categoría que pueden prestarse a su producción y que se divierten, tal vez porque ya han sido prestidigitadores en su vida terrenal, y también porque hay médiums especialmente aptos para ese tipo de manifestaciones. No obstante, el más vulgar buen sentido rechaza la idea de que los Espíritus, por menos elevados que sean, vengan a representar payasadas y a exhibir habilidades para diversión de los curiosos.

La obtención de esos fenómenos a voluntad, y sobre todo en público, es siempre sospechosa. En este caso, la mediumnidad y la prestidigitación se tocan tan de cerca que a menudo es muy difícil diferenciarlas. Antes de que veamos en eso la acción de los Espíritus, debemos observar minuciosamente y tomar en cuenta el carácter y los antecedentes del médium, además de una gran cantidad de circunstancias que sólo podemos apreciar mediante el estudio profundizado de la teoría de los fenómenos espíritas. Por otra parte, es de notar que ese tipo de mediumnidad –cuando realmente la hay–, se limita a producir siempre el mismo fenómeno, salvo pequeñas variantes, lo que no es suficiente para disipar las dudas. El desinterés absoluto es la mejor garantía de sinceridad.

Sea cual fuere el grado de autenticidad de esos fenómenos como efectos mediúmnicos, ellos producen un buen resultado, porque dan repercusión a la idea espírita. La controversia que se establece al respecto provoca en muchas personas un estudio más profundo. No es ciertamente ahí adonde hay que ir a buscar instrucciones serias sobre espiritismo, ni sobre la filosofía de la doctrina; pero es un medio de llamar la atención de los indiferentes y obligar a los más recalcitrantes a que hablen de él.

Diversidad de los Espíritus

El Visitante.- Habláis de Espíritus buenos o malos, serios o frívolos. Os confieso que no comprendo esa diferencia. Me parece que cuando dejan la envoltura corporal, los Espíritus se despojan de las imperfecciones inherentes a la materia; que para ellos debe hacerse la luz sobre todas las verdades que están ocultas para nosotros, y que quedan liberados de los prejuicios terrenales.

A. K.- No cabe duda de que ellos quedan libres de las imperfecciones físicas, es decir, de los achaques y las enfermedades del cuerpo; pero las imperfecciones morales pertenecen al Espíritu y no al cuerpo. Entre ellos, algunos están más o menos adelantados intelectual y moralmente. Sería un error suponer que tan sólo porque han abandonado el cuerpo material, los Espíritus reciben de inmediato la luz de la verdad. ¿Creéis, por ejemplo, que cuando os muráis no habrá diferencia alguna entre vuestro Espíritu y el de un salvaje o el de un malhechor? Si así fuera, ¿de qué os serviría haber trabajado para vuestra instrucción y vuestro mejoramiento, cuando después de la muerte un bribón podría valer tanto como vos? El progreso de los Espíritus sólo se realiza gradualmente, y algunas veces con mucha lentitud. Conforme al grado de purificación al que llegaron, algunos de ellos ven las cosas desde un punto de vista más justo que cuando estaban encarnados; otros, por el contrario, conservan aún las mismas pasiones, los mismos prejuicios y los mismos errores, hasta que el tiempo y nuevas pruebas les permitan esclarecerse. Notad bien que lo que digo es fruto de la experiencia, porque así es como se presentan los Espíritus en sus comunicaciones. Se trata, pues, de un principio elemental del espiritismo, según el cual existen Espíritus de todos los grados de inteligencia y moralidad.

El Visitante.- Pero entonces, ¿por qué no son perfectos todos los Espíritus? ¿Dios los ha creado de diversas categorías?

A. K.- Eso es lo mismo que preguntar por qué no todos los alumnos de un colegio están cursando Filosofía. Todos los Espíritus tienen el mismo origen y el mismo destino. Las diferencias que existen entre ellos no constituyen especies diferentes, sino grados diversos de adelanto.

Los Espíritus no son perfectos debido a que son las almas de los hombres, y los hombres no han alcanzado la perfección. Por la misma razón, los hombres no son perfectos porque son encarnaciones de Espíritus más o menos adelantados. El mundo corporal y el mundo espiritual se vuelcan continuamente uno sobre otro. Por la muerte del cuerpo, el mundo corporal aporta su contingente al mundo espiritual; por los nacimientos, el mundo espiritual alimenta a la humanidad. En cada nueva existencia, el Espíritu realiza un progreso mayor o menor, y cuando adquirió en la Tierra la suma de conocimientos y la elevación moral de que es susceptible nuestro globo, lo deja para ir a vivir en un mundo más elevado, donde aprenderá cosas nuevas.

Los Espíritus que forman la población invisible de la Tierra son, en cierto modo, el reflejo del mundo corporal. En ellos se encuentran los mismos vicios y las mismas virtudes. Los hay sabios, ignorantes, pseudosabios, prudentes, atolondrados; filósofos, discutidores, cultores de sistemas; y como todavía no se han despojado de sus prejuicios, todas las opiniones políticas y religiosas encuentran representantes entre ellos. Cada uno habla según sus ideas, y lo que manifiestan es a menudo sólo su opinión personal. Por eso no se debe creer ciegamente en todo lo que dicen los Espíritus.

El Visitante.- Si esto es así, veo una gran dificultad: en esos conflictos de opiniones diversas, ¿cómo se distingue el error de la verdad? No creo que los Espíritus nos sirvan de mucho, ni que ganemos algo al conversar con ellos.

A. K.- Si los Espíritus no sirvieran más que para darnos la prueba de su existencia y de que son las almas de los hombres, ¿no sería eso de gran importancia para las personas que dudan de que tienen un alma, y que ignoran qué será de ellas después de la muerte?

Como todas las ciencias filosóficas, esta exige prolongados estudios y minuciosas observaciones, pues sólo así se aprende a distinguir la verdad de la impostura, y se obtienen los medios para alejar a los Espíritus engañadores. Por encima de esa turba de bajo nivel, existen los Espíritus superiores, que sólo tienen en vista el bien y cuya misión es guiar a los hombres por el camino recto. A nosotros nos corresponde saber apreciarlos y comprenderlos. Esos Espíritus nos enseñan grandes cosas; pero no supongáis que el estudio de los otros sea inútil. Para conocer a un pueblo es necesario estudiarlo bajo todas sus facetas.

Vos mismo tenéis la prueba de ello. Suponíais que bastaba con que los Espíritus dejaran su envoltura corporal para despojarse de sus imperfecciones. Ahora bien, las comunicaciones con ellos nos han enseñado lo contrario, y nos han hecho conocer el verdadero estado del mundo espiritual, que a todos nos interesa en el grado más elevado, visto que todos iremos para allá. En cuanto a los errores que pueden surgir de la divergencia de opiniones entre los Espíritus, desaparecen por sí mismos a medida que se aprende a distinguir a los buenos de los malos, a los sabios de los ignorantes, a los sinceros de los hipócritas, exactamente como ocurre entre nosotros. Entonces el buen sentido hace justicia a las falsas doctrinas.

El Visitante.- Mi observación continúa en torno a las preguntas de índole científica y otras que podemos formular a los Espíritus. La divergencia de sus opiniones sobre las teorías que dividen a los científicos nos deja en la incertidumbre. Comprendo que, como no todos poseen el mismo grado de instrucción, no pueden saberlo todo. Pero entonces, ¿qué valor habrá de tener para nosotros la opinión de aquellos que saben, cuando no podemos distinguir quién se equivoca y quién tiene razón? Es lo mismo dirigirse a los hombres que a los Espíritus.

A. K.- Esa reflexión sigue siendo una consecuencia de la ignorancia del verdadero carácter del espiritismo. Aquel que suponga hallar en él un medio fácil de saberlo todo, de descubrirlo todo, incurre en un grave error. Los Espíritus no son los encargados de traernos la ciencia ya elaborada. En efecto, sería muy cómodo que nos bastase con pedir para que nos sirvan de inmediato, pues así quedaríamos dispensados del trabajo de investigar. Dios quiere que trabajemos, que nuestro pensamiento se ejercite, pues sólo a ese precio adquiriremos la ciencia. Los Espíritus no vienen a librarnos de esa necesidad. *Ellos son lo que son; el espiritismo tiene por objeto estudiarlos,* a fin de que por analogía lleguemos a saber lo que seremos algún día, y no darnos a conocer lo que debe quedar oculto para nosotros, o revelarnos cosas antes de tiempo.

Los Espíritus tampoco son decidores de la buenaventura, y quienquiera que se vanaglorie de obtener de ellos ciertos secretos, prepara para sí mismo singulares decepciones de parte de los Espíritus burlones. En una palabra, *el espiritismo es una ciencia de observación y no un arte de adivinación o de especulación.* Nosotros lo estudiamos con el propósito de conocer el estado de las individualidades del mundo invisible, las relaciones que existen entre ellas y nosotros, su acción oculta sobre el mundo visible; y no para sacar de él alguna ventaja material. Desde este punto de vista, no hay Espíritu alguno cuyo estudio no nos aporte alguna utilidad. Con ellos siempre aprendemos algo; sus imperfecciones, sus defectos, su incapacidad, su ignorancia incluso, son otros tantos objetos de observación que nos inician en la naturaleza íntima de ese mundo. Y cuando ellos no nos instruyen mediante sus enseñanzas, nosotros mismos nos instruimos al estudiarlos, como hacemos cuando observamos las costumbres de un pueblo al que no conocemos.

En cuanto a los Espíritus ilustrados, ellos nos enseñan mucho, pero siempre dentro de los límites de lo posible, y no hay que preguntarles lo que no pueden o no deben revelarnos. Contentémonos con lo que nos dicen, pues querer ir más allá es exponernos a las mistificaciones de los Espíritus livianos, siempre dispuestos a responder a todo. La experiencia nos enseña a juzgar el grado de confianza que podemos concederles.

Utilidad práctica de las manifestaciones

El Visitante.- Admitamos que los fenómenos estén comprobados, y que el espiritismo sea reconocido como una realidad; ¿cuál puede ser su utilidad práctica? Como hasta ahora no se había sentido su falta, me parece que podemos prescindir de él y seguir viviendo muy tranquilamente.

A. K.- Lo mismo podríamos decir de los ferrocarriles y del vapor, sin los cuales también se vivía muy bien.

Si por "utilidad práctica" entendéis los medios de vivir bien, de hacer fortuna, de conocer el porvenir, de descubrir minas de carbón o tesoros ocultos, de recuperar herencias, de ahorrarse el trabajo de las investigaciones, entonces el espiritismo no sirve para nada. Este no puede provocar alzas ni bajas en la Bolsa, ni ser invertido en acciones, ni siquiera proporcionar inventos ya listos y en estado de ser explotados. Desde ese punto de vista, ¡cuántas ciencias serían inútiles! ¡Cuántas de ellas no ofrecen ventaja alguna, comercialmente hablando! Los hombres estaban igual de bien antes del descubrimiento de los nuevos planetas, antes de que se supiera que es la Tierra la que se mueve y no el Sol, antes de que se hubiesen calculado los eclipses, antes de que se conociese el mundo microscópico y tantas otras cosas. El campesino, para vivir y hacer brotar su trigo, no necesita saber qué es un cometa. ¿Para qué, entonces, se entregan los científicos a esos estudios? Y aun así, ¿quién osaría decir que pierden el tiempo?

Todo lo que sirva para levantar una punta del velo contribuye al desarrollo de la inteligencia, amplía el círculo de las ideas y nos hace comprender mejor las leyes de la naturaleza. Ahora bien, el mundo de los Espíritus existe en virtud de una de esas leyes naturales. El espiritismo nos hace conocer esa ley. Nos muestra la influencia que el mundo invisible ejerce sobre el mundo visible, y las relaciones que existen entre ellos, así como la astronomía nos enseña las relaciones existentes entre la Tierra y los demás astros. Nos muestra ese mundo invisible como una de las fuerzas que rigen el universo y contribuyen al mantenimiento de la armonía general. Aun en el supuesto de que su utilidad se limitase a eso, ¿no sería ya de gran importancia la revelación de semejante poder, sin tomar en cuenta su doctrina moral? ¿De nada valdrá, entonces, la revelación de un mundo nuevo, sobre todo si el conocimiento de ese mundo nos conduce a la solución de una cantidad de problemas hasta ahora insolubles; si nos inicia en los misterios de ultratumba, que nos deben interesar de algún modo, dado que todos, por el hecho de existir, tarde o temprano habremos de trasponer ese marco fatal? Con todo, el espiritismo tiene otra utilidad más positiva: la influencia moral que ejerce por la fuerza misma de las cosas. El espiritismo es la prueba patente de la existencia del alma, de su individualidad después de la muerte, de su inmortalidad, de su suerte futura. Es, pues, la destrucción del materialismo, no por medio del razonamiento, sino a través de los hechos.

No hay que pedirle al espiritismo más que lo que puede dar, ni buscar en él lo que está fuera de los límites de su finalidad providencial. Antes de los progresos serios de la astronomía se creía en la astrología. ¿Sería razonable que se diga que la astronomía no sirve para nada, porque ya no se puede encontrar el pronóstico del destino en la influencia de los astros? Así como la astronomía destronó a los astrólogos, el espiritismo ha venido a destronar a los adivinos, los hechiceros y los decidores de la buenaventura. El espiritismo es para la magia lo que la astronomía es para la astrología, y la química para la alquimia.

Locura. Suicidio. Obsesión

El Visitante.- Algunas personas consideran que las ideas espíritas son capaces de perturbar las facultades mentales, y por eso creen más prudente impedir su propagación.

A. K.- Conocéis este proverbio: "Cuando se quiere matar a un perro, se dice que está rabioso". Por lo tanto, no es de extrañar que los enemigos del espiritismo procuren aferrarse a todos los pretextos. El que vos mencionáis les pareció adecuado para despertar temores y susceptibilidades, y lo han empleado de inmediato, aunque no resista el más ligero análisis. Oíd, pues, respecto de esa locura, el razonamiento de un loco.

Todas las grandes preocupaciones del espíritu pueden ocasionar la locura: las ciencias, las artes, y hasta la religión misma hacen su aporte. La locura proviene de un estado patológico del cerebro, instrumento del pensamiento. Si el instrumento está desorganizado, el pensamiento se altera. La locura es, pues, un efecto consecutivo, cuya causa primera es una predisposición orgánica que hace al cerebro más o menos accesible a ciertas impresiones, y esto es tan real que habréis de encontrar personas que piensan muchísimo y no se vuelven locas, mientras que otras enloquecen bajo el influjo de la menor excitación. Si existe una predisposición para la locura, esta adoptará el carácter de la preocupación principal, que entonces se convierte en una idea fija. Esa idea fija podría ser la de los Espíritus, en un individuo que se haya ocupado de ellos, como podrá ser la de Dios, de los ángeles, del diablo, de la riqueza, del poder, de un arte, de una ciencia, de la maternidad, de un sistema político o social. Es probable que el loco religioso se vuelva un loco espírita, en caso de que el espiritismo haya sido su preocupación dominante. Es verdad que un periódico ha dicho que en una sola localidad de América, cuyo nombre no recuerdo, se contaban cuatro mil casos de locura espírita. Pero ya sabemos que nuestros adversarios tienen la *idea fija* de creerse los únicos dotados de razón, lo que no deja de ser una manía como cualquier otra. Para ellos, todos nosotros somos dignos de un hospicio y, por consiguiente, los cuatro mil espíritas de la localidad en cuestión debían ser locos. De esa especie, Estados Unidos cuenta cientos de miles, y el resto de los países del mundo un número mucho mayor aún. Esta broma de mal gusto comienza a perder fuerza, dado que tal dolencia va invadiendo las clases más ilustradas de la sociedad. Se ha hecho mucho estruendo a propósito de un caso conocido, el de Víctor Hennequin. No obstante, no toman en cuenta que antes de que se ocupara de los Espíritus, él ya había dado pruebas de excentricidad en las ideas. Si las mesas giratorias no hubiesen aparecido entonces, las cuales según un ingenioso juego de palabras de nuestros adversarios le hicieron "girar" la cabeza, su locura hubiera seguido algún otro rumbo.

Digo, pues, que el espiritismo no disfruta de ningún privilegio al respecto. Pero voy más allá: afirmo que, bien comprendido, el espiritismo preserva de la locura y del suicidio.

Entre las causas más numerosas de sobreexcitación cerebral, es preciso contar las decepciones, las desgracias y los afectos contrariados, que son al mismo tiempo las causas más frecuentes de suicidio. Ahora bien, el verdadero espírita observa las cosas de este mundo desde un punto de vista tan elevado, que las tribulaciones no le resultan más que los incidentes desagradables de un viaje. Lo que a otros les produciría una violenta emoción, a él lo afecta medianamente. Sabe, por otra parte, que los pesares de la vida son pruebas que sirven para su adelanto si las sufre sin murmurar, porque será recompensado según el valor con que las haya soportado. Así, sus convicciones le otorgan una resignación que lo preserva de la desesperación y, por consiguiente, de una causa incesante de locura y suicidio. Conoce, además, por el espectáculo que le ofrecen las comunicaciones con los Espíritus, la suerte deplorable de los que abrevian voluntariamente sus días, y ese cuadro es apropiado para hacerlo reflexionar. Por ese motivo el número de los que han sido detenidos en esa pendiente funesta es considerable. Se trata de uno de los resultados del espiritismo.

Entre las causas de locura también hay que incluir el pavor, pues el que se siente por el diablo ha trastornado más de un cerebro. ¿Conocemos acaso el número de víctimas que se ha hecho al herir imaginaciones débiles con ese cuadro que algunos se ingenian para hacer aún más espantoso mediante horribles detalles? El diablo, se dice, sólo asusta a los niños; es un freno para que se tranquilicen. En efecto, como el cuco y el hombre lobo, y cuando les han perdido el miedo se comportan peor que antes. A fin de obtener ese *hermoso* resultado, no se tiene en cuenta la cantidad de epilepsias causadas por la conmoción de un cerebro delicado.

No debemos confundir la *locura patológica* con la *obsesión*. Esta no proviene de ninguna lesión cerebral, sino de la subyugación que Espíritus malévolos ejercen sobre ciertos individuos, y que a veces tiene la apariencia de la locura propiamente dicha. Esta afección, muy frecuente, no depende de la creencia en el espiritismo, y ha existido en todos los tiempos. En ese caso, la medicación común es impotente, e incluso perjudicial. El espiritismo, al dar a conocer esta nueva causa de perturbación en el organismo, nos ofrece al mismo tiempo el único medio para derrotarla, al actuar no sobre el enfermo sino sobre el Espíritu obsesor. El espiritismo es el remedio y no la causa del mal.

Olvido del pasado

El Visitante.- No me explico cómo el hombre puede aprovechar la experiencia adquirida en sus existencias anteriores si no se acuerda de ellas. Porque, dado que carece de ese recuerdo, cada existencia es para él como si se tratara de la primera. De ese modo, está siempre en el comienzo. Supongamos que cada día, al despertarnos, perdemos la memoria de lo que hicimos el día anterior. En ese caso, cuando lleguemos a los setenta años, no estaremos más adelantados que a los diez. En cambio, si recordáramos nuestras faltas, nuestras torpezas y los castigos que de ahí resultaron, nos esforzaríamos en no repetirlas. Para servirme de la comparación que habéis hecho del hombre en la Tierra con el alumno de un colegio, no comprendo cómo este podría aprovechar las lecciones del quinto grado, por ejemplo, si no recordara las aprendidas en el grado anterior. Esas soluciones de continuidad en la vida del Espíritu interrumpen todas las relaciones y hacen de él, en cierto modo, un nuevo ser. Esto nos lleva a concluir que nuestros pensamientos mueren con cada una de nuestras existencias, para renacer en otra sin conciencia de lo que hemos sido. Se trata de una especie de aniquilamiento.

A. K.- De pregunta en pregunta me conduciréis a daros un curso completo de espiritismo. Las objeciones que hacéis son naturales en quien todavía no conoce nada, pero que mediante un estudio serio habrá de encontrar respuestas mucho más explícitas que las que puedo dar en una explicación resumida, que de por sí debe provocar continuamente nuevas preguntas. Todo se encadena en el espiritismo, y cuando se toma el conjunto se ve que sus principios derivan unos de otros, sirviéndose mutuamente de apoyo. Entonces, lo que parecía una anomalía contraria a la justicia y a la sabiduría de Dios, resulta muy natural y viene a confirmar esa justicia y esa sabiduría.

Tal es el problema del olvido del pasado, que se relaciona con otras cuestiones de no menor importancia, razón por la cual aquí sólo lo trataré superficialmente.

Si bien en cada existencia un velo cubre el pasado del Espíritu, este no pierde ninguna de sus conquistas anteriores: apenas olvida el modo por el cual las obtuvo. Para servirme de la comparación con el alumno, diré que a este poco le importa saber dónde, cómo y con qué profesores estudió las materias de cuarto grado, en tanto las sepa cuando pase al grado siguiente. ¿Qué le importa saber si fue castigado por pereza o por insubordinación, si esos castigos lo han vuelto laborioso y dócil? De igual modo, al reencarnar, el hombre trae, por intuición y como ideas innatas, lo que ha adquirido en ciencia y moralidad. Digo en moralidad porque, si en el transcurso de una existencia él mejoró, si aprovechó las lecciones de la experiencia, cuando vuelva será instintivamente mejor. Su Espíritu, que ha madurado en la escuela del sufrimiento y del trabajo, tendrá más firmeza. Lejos de tener que volver a empezar todo, posee un fondo cada vez más rico y sobre el cual se apoya para realizar mayores conquistas.

La segunda parte de vuestra objeción, relativa a la aniquilación del pensamiento, no tiene una base más segura, porque ese olvido sólo se produce durante la vida corporal. Al dejarla, el Espíritu recobra el recuerdo de su pasado; entonces puede juzgar el camino que recorrió y lo que aún le queda por hacer. No existe, pues, solución de continuidad en la vida espiritual, que es la vida normal del Espíritu.

El olvido temporario es un beneficio de la Providencia. Muchas veces sólo se adquiere experiencia por medio de pruebas arduas y expiaciones terribles, cuyo recuerdo sería muy penoso y contribuiría a aumentar las angustias y las tribulaciones de la vida presente. Si los padecimientos de esta vida parecen extensos, ¿qué ocurriría si les agregáramos el recuerdo de los dolores del pasado? Vos, por ejemplo, señor, ahora sois un hombre de bien, pero tal vez debáis eso a los rudos castigos que sufristeis por faltas que hoy causarían repugnancia a vuestra conciencia. ¿Os agradaría recordar que en el pasado fuisteis ahorcado por ello? ¿No os perseguiría la vergüenza de saber que el mundo no ignora el mal que habéis hecho? ¿Qué os importa lo que hicisteis y lo que sufristeis para expiar, si hoy sois un hombre digno de estima? A los ojos del mundo sois un hombre nuevo; y a los de Dios, un Espíritu rehabilitado. Libre del recuerdo de un pasado importuno, obráis con más libertad. Hay para vos un nuevo punto de partida: vuestras deudas anteriores están pagadas, y os cabe el cuidado de no contraer otras.

De ese modo, ¡cuántos hombres quisieran, durante la vida, poder echar un velo sobre sus primeros años! ¡Cuántos no se habrán dicho, al llegar al término de su carrera: "Si tuviese que volver a empezar, no haría más lo que he hecho"! ¡Pues bien! Lo que ellos no pueden hacer en esta vida, lo harán en otra. En una nueva existencia su Espíritu traerá, en estado de intuición, las buenas resoluciones que haya tomado. Así es como se efectúa gradualmente el progreso de la humanidad.

Supongamos, además, lo que es un caso muy común, que entre vuestras relaciones, en vuestra familia incluso, se encuentre un individuo que os ha dado antes muchos motivos de queja, que tal vez os arruinó o deshonró en otra existencia, y que como Espíritu arrepentido haya venido a encarnar en vuestro ambiente, vinculado por los lazos de familia, a fin de reparar las faltas para con vos por medio de su devoción y su afecto. ¿No os hallaríais mutuamente en la más embarazosa posición si ambos recordaseis vuestra antigua enemistad? En vez de extinguirse, los odios se eternizarían.

Concluid de ahí que el recuerdo del pasado perturbaría las relaciones sociales y sería un obstáculo para el progreso. ¿Queréis una prueba actual? Suponed que un hombre condenado a prisión adopta la firme resolución de convertirse en una persona honrada. ¿Qué le ocurre cuando finaliza su pena? La sociedad lo rechaza, y esa repulsión casi siempre lo lanza de nuevo a los brazos del delito. En cambio, si todos ignorasen sus antecedentes, sería bien recibido; y si él mismo pudiera olvidarlos, no por ello dejaría de ser honesto y podría caminar con la frente erguida, en vez de curvarla bajo el peso de la vergüenza que le provoca el recuerdo.

Esto concuerda perfectamente con la doctrina de los Espíritus respecto de los mundos superiores al nuestro. En esos mundos, donde sólo reina el bien, el recuerdo del pasado no tiene nada de penoso, razón por la cual sus habitantes recuerdan la existencia precedente, así como nosotros nos acordamos hoy de lo que hicimos ayer. En cuanto al recuerdo de lo que hicieron en mundos inferiores, no es más que un sueño desagradable.

Elementos de convicción

El Visitante.- Concuerdo, señor, en que desde el punto de vista filosófico la doctrina espírita es perfectamente racional; pero queda siempre en pie la cuestión de las manifestaciones, que sólo puede resolverse con hechos. Ahora bien, es la realidad de esos hechos lo que muchas personas discuten, y no os debiera sorprender el deseo que expresan de presenciarlos.

A. K.- Lo encuentro muy natural; pero como busco que esos hechos sean aprovechados, explico en qué condiciones se debe colocar cada uno para observarlos mejor, y sobre todo para comprenderlos. Ahora bien, la persona que no acepta esas condiciones, muestra que no tiene un deseo serio de ilustrarse, en cuyo caso es inútil que perdamos el tiempo con ella.

También convendréis, señor, en que sería extraño que una filosofía racional hubiese salido de hechos ilusorios y controvertidos. En buena lógica, la realidad del efecto implica la realidad de la causa; si una es verdadera, la otra no puede ser falsa, porque donde no hubiese árboles no se podría cosechar frutos.

Es verdad que no todos han podido constatar los hechos, porque no se han colocado en las condiciones requeridas para observarlos, ni han tenido la paciencia y la perseverancia necesarias. Pero eso sucede con todas las ciencias: lo que no hacen unos, lo hacen otros. Todos los días aceptamos el resultado de los cálculos astronómicos sin que los hayamos hecho nosotros. Sea como fuere, si encontráis buena la filosofía, podéis aceptarla como aceptaríais otra cualquiera, conservando vuestra opinión sobre las vías y los medios que a ella conducen, o al menos admitiéndola solamente a título de hipótesis, hasta que tenga una más amplia confirmación.

Los elementos de convicción no son los mismos para todos: lo que convence a algunos no causa ninguna impresión en otros. Por eso es necesario un poco de todo. No obstante, constituye un error suponer que las experiencias físicas son el único medio de convencer. En algunas personas los fenómenos más notables no han producido la menor impresión, mientras que una simple respuesta por escrito desvaneció todas las dudas. Cuando se ve un hecho que no se comprende, cuanto más extraordinario es tanto más sospechas despierta, y el pensamiento siempre se esfuerza en atribuirle una causa vulgar. En cambio, si se lo comprende, todos lo admiten fácilmente, porque tiene una razón de ser, y desaparecen lo maravilloso y lo sobrenatural. Por cierto, las explicaciones que os acabo de dar en este diálogo están lejos de ser completas. Sin embargo, por más resumidas que sean, estoy convencido de que os llevarán a reflexionar; y si las circunstancias os hicieran testigo de algunos hechos de manifestaciones, los veréis con una mirada menos prevenida, porque poseeréis una base donde sustentar vuestro razonamiento.

Hay dos aspectos en el espiritismo: la parte experimental de las manifestaciones y la doctrina filosófica. Ahora bien, todos los días me visitan personas que no han visto nada y creen tan firmemente como yo, únicamente por el estudio que han hecho de la parte filosófica. Para ellas el fenómeno de las manifestaciones es lo accesorio; el fondo es la doctrina, la ciencia. La ven tan importante y tan racional, que encuentran en ella todo lo que puede satisfacer sus aspiraciones interiores, aparte del hecho de las manifestaciones. De ahí concluyen que, suponiendo que las manifestaciones no existiesen, no por eso la doctrina dejaría de ser la que mejor resuelve una multitud de problemas que eran considerados insolubles. ¡Cuántos me han dicho que esas ideas habían germinado en su cerebro, aunque en un estado de confusión! El espiritismo ha venido a formularlas, a darles un cuerpo, y fue para ellos como un rayo de luz. Eso explica el número de adeptos que la simple lectura de *El libro de los Espíritus* ha producido. ¿Suponéis que eso hubiera ocurrido si nunca hubiésemos ido más allá de las mesas giratorias y parlantes?

El Visitante.- Tenéis razón al decir, señor, que de las mesas giratorias ha salido una doctrina filosófica, y lejos estaba yo de sospechar las consecuencias que podrían surgir de un hecho encarado como un simple objeto de curiosidad. Ahora veo cuán vasto es el campo abierto por vuestro sistema.

A. K.- Aquí os interrumpo, señor, puesto que me conferís un elevado honor al atribuirme ese sistema cuando él no me pertenece. Este ha sido deducido en su totalidad de la enseñanza de los Espíritus. Vi, observé, coordiné, y procuro hacer que los otros comprendan aquello que yo comprendo. Esa es la parte que me corresponde. Entre el espiritismo y los otros sistemas filosóficos existe una diferencia fundamental: estos últimos son obra de hombres más o menos esclarecidos, mientras que en cuanto a aquel que me atribuís no tengo el mérito de haber inventado ni uno solo de sus principios. Se dice "la filosofía de Platón, de Descartes, de Leibnitz", pero nunca se podrá decir "la doctrina de Allan Kardec", lo cual es muy acertado; pues ¿qué valor puede tener un nombre en un asunto de semejante trascendencia? El espiritismo tiene auxiliares de mayor preponderancia, al lado de los cuales no somos más que simples átomos.

Sociedad Espírita de París

El Visitante.- Tenéis una sociedad que se ocupa de esos estudios; ¿me sería posible formar parte de ella?

A. K.- Por ahora, todavía no. Porque si bien para que alguien sea recibido en ella no es necesario ser doctor en espiritismo, se requiere por lo menos que tenga sobre esa materia ideas más firmes que las vuestras. Como la Sociedad no quiere ser perturbada en sus estudios, no admite a los que le harían perder tiempo con cuestiones elementales, ni a los que, por no simpatizar con sus principios y convicciones, introducirían en ella el desorden con discusiones intempestivas o con ánimo de contradicción. Es una sociedad científica, como tantas otras, que se ocupa de profundizar los diferentes puntos de la ciencia espírita y procura esclarecerse. Es el centro hacia donde convergen enseñanzas de todas las partes del mundo, y donde se elaboran y coordinan las cuestiones relativas al progreso de la ciencia; pero no es una escuela ni un curso de enseñanza elemental. Más tarde, cuando vuestras convicciones estén consolidadas por el estudio, la Sociedad decidirá si os debe admitir. Mientras tanto, podréis asistir como oyente, una o dos veces a lo sumo, con la condición de que no hagáis alguna reflexión que pudiera ofender a los presentes. De lo contrario, yo, que os voy a presentar, merecería la censura de mis colegas, y la puerta de la Sociedad se os cerraría definitivamente. Encontraréis allí una reunión de hombres serios y de buen trato, la mayoría de los cuales se recomiendan por la superioridad de su saber y de su posición social, y que no permitirían que se apartasen de lo conveniente aquellos a quienes la Sociedad admite en su seno. No creáis, pues, que ella invite al público y convoque al primero que se presente a que asista a sus sesiones. Como no hace demostraciones a fin de satisfacer la curiosidad, aparta con cuidado a los curiosos. Aquellos, pues, que crean encontrar en ella una distracción o algún tipo de espectáculo, quedarán decepcionados, y harían mejor si no fueran. Es por eso que la Sociedad rechaza la admisión, incluso como simples oyentes, de las personas que no conoce o de aquellos cuyas disposiciones hostiles son evidentes.

Prohibición del espiritismo

El Visitante.- Una última pregunta, por favor. El espiritismo tiene poderosos enemigos; ¿no podrían ellos decidir la prohibición de su ejercicio y el cierre de las sociedades, y por ese medio impedir su propagación?

A. K.- Sería el modo de que perdieran la partida un poco más deprisa, porque la violencia es el argumento de aquellos que no tienen buenas razones. Si el espiritismo es una quimera caerá por sí mismo, sin que nadie se tome el trabajo de demolerlo. Si lo persiguen es porque le temen, y sólo lo que es serio infunde temor. Pero si es una realidad, entonces está en la naturaleza, como os lo he dicho, y nadie puede derogar una ley natural con una simple firma.

Si las manifestaciones espíritas fuesen el privilegio de un solo hombre, no cabe duda de que al apartar a ese hombre se pondría un término a las manifestaciones. Lamentablemente para sus adversarios, estas no constituyen un misterio para nadie. No hay secretos, nada está oculto, todo se realiza en plena claridad. Las manifestaciones se encuentran a disposición de todo el mundo, y se producen tanto en el palacio como en la buhardilla. Pueden prohibir su ejercicio público, pero se sabe perfectamente que no es en público como mejor se producen, sino en la intimidad. Ahora bien, dado que todos pueden ser médiums, ¿quién impedirá que una familia en su hogar, un individuo en el silencio de su gabinete, un prisionero en su celda, mantengan comunicaciones con los Espíritus, delante de las barbas mismas de sus esbirros y sin que estos lo sepan? Admitamos, sin embargo, que un gobierno sea suficientemente fuerte para impedir las manifestaciones en su país, ¿conseguirá acaso impedirlas en los países vecinos, en el mundo entero, ya que no hay un solo país en ambos hemisferios donde no se encuentren médiums?

Por otra parte, el espiritismo no tiene su origen entre los hombres: es obra de los Espíritus, que no pueden ser quemados ni encarcelados. Consiste en la creencia individual y no en las sociedades, que de ningún modo son necesarias. Si llegasen a destruir todos los libros espíritas, los Espíritus los dictarían de nuevo.

En síntesis, el espiritismo es hoy un hecho consumado. Ha conquistado su lugar en la opinión pública y entre las doctrinas filosóficas. Es preciso, pues, que aquellos a quienes este no conviene se resignen a verlo a su lado, aunque les queda naturalmente la libertad de rechazarlo.

Tercer diálogo. El sacerdote

Un Cura.- ¿Me permitiríais, señor, que también yo os dirija algunas preguntas?

A. K.- Con mucho gusto, señor. Pero antes de responderlas creo conveniente daros a conocer el terreno en el que debo ubicarme en relación con vos.

Ante todo, me corresponde manifestar que no tengo la pretensión de convertiros a nuestras ideas. Si deseáis conocerlas en detalle, las encontrareis en los libros en que están expuestas. En ellos podréis estudiarlas a gusto, y seréis libre de aceptarlas o rechazarlas.

El espiritismo tiene por objeto combatir la incredulidad y sus funestas consecuencias, proporcionando pruebas patentes de la existencia del alma y de la vida futura. Se dirige, pues, a aquellos que no creen en nada *o que dudan*, y su número es grande, como bien lo sabéis. Aquellos que tienen una fe religiosa y a quienes *esa fe les basta* no tienen necesidad de él. A aquel que dice: "Creo en la autoridad de la Iglesia y me contento con sus enseñanzas, sin buscar nada fuera de sus límites", el espiritismo le responde que no se impone a ninguna persona y que no viene a forzar ninguna convicción.

La libertad de conciencia es una consecuencia de la libertad de pensar, que es uno de los atributos del hombre. Si no la respetase, el espiritismo estaría en contradicción con sus principios de caridad y de tolerancia. Desde su punto de vista, toda creencia es respetable, aun cuando fuese errónea, siempre que sea sincera y no permita al hombre hacer mal a su prójimo. Si alguien fuese inducido por su propia conciencia a creer, por ejemplo, que el Sol gira alrededor de la Tierra, nosotros le diríamos: "Creedlo si así lo queréis, porque eso no impedirá que la Tierra gire alrededor del Sol. No obstante, así como no procuramos violentar vuestra conciencia, no intentéis vos violentar la de los otros. Si transformáis una creencia, de por sí inocente, en un instrumento de persecución, entonces se vuelve nociva y puede ser combatida".

Tal es, señor cura, la línea de conducta que he seguido con los ministros de los diversos cultos que se han dirigido a mí. Cuando ellos me han interpelado sobre algunos puntos de la doctrina espírita, les he dado las explicaciones necesarias, aunque absteniéndome de discutir ciertos dogmas, de los cuales el espiritismo no debe ocuparse, pues todos los hombres son libres en sus apreciaciones. No obstante, nunca he ido a buscarlos con el propósito de perturbar su fe mediante alguna presión. Al que nos busca como hermano, lo recibimos como tal. Al que nos rechaza, lo dejamos en paz. Este es el consejo que no me canso de dar a los espíritas, porque nunca aprobé a los que se atribuyen la misión de convertir al clero. Siempre les he dicho: "Sembrad en el campo de los incrédulos, pues es allí donde tenéis mucho que cosechar".

El espiritismo no se impone, porque –como os lo he dicho– respeta la libertad de conciencia. Sabe, por otra parte, que toda creencia impuesta es superficial y no despierta más que las apariencias de la fe, pero nunca la fe sincera. Expone sus principios a la vista de todos, de modo que cada uno pueda formar su opinión con conocimiento de causa. Quienes aceptan esos principios, sean sacerdotes o laicos, lo hacen libremente y porque los encuentran racionales. Pero no quedamos con mala voluntad hacia aquellos que no comparten nuestra opinión. Si hoy existe una lucha entre la Iglesia y el espiritismo, tenemos plena conciencia de no haberla provocado.

El Sacerdote.- Si la Iglesia ve surgir una nueva doctrina cuyos principios, a conciencia, juzga un deber condenar, ¿podríais negarle el derecho de discutirlos y combatirlos, a fin de prevenir a los fieles contra lo que ella considera un error?

A. K.- De ningún modo podemos negar ese derecho, que también reclamamos para nosotros. Si la Iglesia se hubiese encerrado en los límites de la discusión, no habría nada mejor. Sin embargo, leed la mayoría de los escritos emanados de sus miembros o publicados en nombre de la religión, o los sermones que han sido predicados, y veréis en ellos la injuria y la calumnia desbordando por todas partes, y los principios de la doctrina espírita desfigurados de manera indigna y maliciosa. ¿Acaso no se ha dicho desde lo alto del púlpito que los espíritas son enemigos de la sociedad y del orden público? Aquellos a los que el espiritismo reencauzó hacia la fe, ¿no han sido anatematizados y rechazados por la Iglesia, con el pretexto de que es mejor ser incrédulo que creer en Dios y en el alma a través del espiritismo? ¿No hay quienes se lamentan de que no existan para los espíritas las hogueras de la Inquisición? En ciertas localidades, ¿no se ha dirigido contra ellos el odio de sus conciudadanos, a punto tal de hacer que sean perseguidos e injuriados en las calles? ¿No se ha impuesto a todos los fieles que los eviten como a los apestados, e impedido a los criados que entren a su servicio? ¿No se ha aconsejado a muchas mujeres que se separen de sus maridos, como a muchos maridos que se separen de sus mujeres, todo por causa del espiritismo? ¿No se ha hecho perder su puesto a los empleados, quitado el pan del trabajo a los obreros, y negado la caridad a los desdichados, por el hecho de ser espíritas? ¿No se ha expulsado de algunos hospicios incluso a ciegos, porque no quisieron abjurar de su creencia? Decidme, señor cura, ¿es esta una discusión leal? ¿Acaso los espíritas han respondido con injuria a la injuria, con mal al mal? No. A todo han opuesto la calma y la moderación. La conciencia pública ya les ha hecho la justicia de reconocer que ellos no han sido los agresores.

El Sacerdote.- Todo hombre sensato deplora esos excesos, pero la Iglesia no puede ser responsable de los abusos cometidos por algunos de sus miembros poco ilustrados.

A. K.- Estoy de acuerdo. Pero ¿son miembros poco ilustrados los príncipes de la Iglesia? Ved la pastoral del obispo de Argel y de algunos otros. ¿No fue un obispo quien decretó el auto de fe de Barcelona? La autoridad superior eclesiástica, ¿no tiene poder absoluto sobre sus subordinados? Por consiguiente, si dicha autoridad tolera esos sermones indignos de la cátedra evangélica, si favorece la publicación de escritos injuriosos y difamatorios contra toda una clase de ciudadanos, y si no se opone a las persecuciones ejercidas en nombre de la religión, es porque las aprueba.

En resumen, al rechazar sistemáticamente a los espíritas que la buscaban, la Iglesia los obligó a retroceder. Por la naturaleza y la violencia de sus ataques ha ampliado la discusión, para llevarla a un terreno nuevo. El espiritismo no era más que una simple doctrina filosófica. La Iglesia misma le dio mayores proporciones, al presentarlo como un enemigo peligroso. La Iglesia, en fin, lo proclamó como nueva religión. Ha sido una gran falta de habilidad de su parte, pero la pasión no razona.

Un Librepensador.- Acabáis de proclamar la libertad de pensamiento y de conciencia, y declarasteis que toda creencia sincera es respetable. El materialismo es una creencia como otra cualquiera, ¿por qué negarle la libertad que concedéis a todas las otras?

A. K.- Por cierto, cada uno es libre de creer en lo que le plazca, o de no creer en nada, y no justificamos una persecución contra aquel que cree en la nada después de la muerte, como tampoco lo hacemos contra un cismático de cualquier religión. Al combatir el materialismo, no atacamos a los individuos sino a una doctrina que, si bien es inofensiva para la sociedad cuando se encierra en el fuero interior de la conciencia de personas ilustradas, sería una plaga social si llegara a generalizarse.

La creencia en que todo acaba después de la muerte, de que toda solidaridad cesa con la extinción de la vida, conduce al hombre a considerar como un engaño el sacrificio de su bienestar presente en provecho de los otros; de ahí la máxima: "Cada uno para sí durante la vida, pues más allá de esta no existe nada". La caridad, la fraternidad, la moral, en definitiva, quedan sin base alguna, sin razón de ser. ¿Para qué molestarnos, obligarnos, someternos a privaciones hoy, cuando mañana tal vez ya no seamos nada? La negación del porvenir, la simple duda sobre la vida futura, son los mayores estímulos del egoísmo, la fuente de la mayoría de los males que afligen a la humanidad. Se necesita una gran dosis de virtud para detenerse en la pendiente del vicio y del crimen, cuando para eso no se tiene otro freno más que la propia fuerza de voluntad. El respeto humano puede contener al hombre de mundo, pero no contiene a aquel que no asigna importancia a la opinión pública.

Al mostrar la perpetuidad de las relaciones entre los hombres, la creencia en la vida futura establece entre ellos una solidaridad que no se interrumpe en la tumba, y cambia de ese modo el curso de las ideas. Si esa creencia fuese un simple espantajo no duraría más que algún tiempo, pero como su realidad es un hecho comprobado por la experiencia, constituye un deber propagarla y combatir la creencia contraria, en interés incluso del orden social. Eso es lo que hace el espiritismo, y lo hace con éxito porque proporciona pruebas, y porque en definitiva el hombre prefiere la certeza de vivir y poder ser feliz en un mundo mejor, para compensación de las miserias de este mundo, a creer que la muerte es definitiva. La idea de ser aniquilado, de ver perdidos para siempre a los hijos y a los seres que le son más queridos, satisface a un número muy limitado, creedme. A eso se debe que los ataques dirigidos contra el espiritismo en nombre de la incredulidad hayan tenido tan poco éxito y no le hayan ocasionado la menor molestia.

El Sacerdote.- La religión enseña todo eso, y hasta ahora ha sido suficiente. ¿Cuál es, pues, la necesidad de una nueva doctrina?

A. K.- Si la religión es suficiente, ¿por qué hay tantos incrédulos, religiosamente hablando? Es cierto que la religión nos enseña; nos ordena que creamos, ¡pero hay tantas personas que no creen basados en lo que otros dicen! El espiritismo prueba y hace ver lo que la religión enseña en teoría. Además, ¿de dónde provienen esas pruebas? De la manifestación de los Espíritus. Ahora bien, es probable que los Espíritus sólo se manifiesten con el permiso de Dios, y si Dios en su misericordia envía a los hombres ese socorro para sacarlos de la incredulidad, es una impiedad rechazarlo.

El Sacerdote.- Con todo, no podéis negar que el espiritismo no está en todos sus puntos de acuerdo con la religión.

A. K.- ¡Dios mío, señor cura, todas las religiones dirán lo mismo: los protestantes, los judíos, los musulmanes, como también los católicos!

Si el espiritismo negase la existencia de Dios, del alma, de su individualidad e inmortalidad, de las penas y las recompensas futuras, del libre albedrío del hombre; si enseñase que cada uno sólo debe vivir para sí, y no pensar más que en sí, no sólo sería contrario a la religión católica sino a todas las religiones del mundo; sería la negación de todas las leyes morales, base de las sociedades humanas. Lejos de eso, los Espíritus proclaman un Dios único, soberanamente justo y bueno; dicen que el hombre es libre y responsable de sus actos, premiado por el bien o castigado por el mal que haya hecho; ubican a la caridad evangélica por encima de todas las virtudes, al igual que la sublime regla enseñada por el Cristo: *hacer a los otros lo que nos gustaría que los otros nos hiciesen.* ¿No son estos los fundamentos de la religión? Pero los Espíritus hacen más aún: nos inician en los misterios de la vida futura, que para nosotros ya no es una abstracción sino una realidad, dado que son precisamente aquellos a quienes conocimos en la Tierra los que nos vienen a describir su situación, a decirnos cómo y por qué sufren o son felices. ¿Qué hay de antirreligioso en todo eso? Esa certeza en el porvenir, de volver a encontrar a aquellos a los que se ha amado, ¿no es un consuelo? Esa magnificencia de la vida espiritual, que es nuestra esencia, comparada con las mezquinas preocupaciones de la vida terrenal, ¿no será a propósito para elevar nuestra alma y afianzarnos en la práctica del bien?

El Sacerdote.- Convengo en que, en las cuestiones generales, el espiritismo concuerda con las grandes verdades del cristianismo. Pero ¿ocurre lo mismo en relación con los dogmas? ¿No contradice algunos de los principios que nos enseña la Iglesia?

A. K.- El espiritismo es ante todo una ciencia, y no se ocupa con cuestiones dogmáticas. Esa ciencia tiene consecuencias morales, como todas las ciencias filosóficas. ¿Son buenas o malas esas consecuencias? Se las puede juzgar por los principios generales que acabo de exponer. Algunas personas se equivocan sobre el verdadero carácter del espiritismo. Esta cuestión es de suma importancia y merece algunos desarrollos.

Hagamos, en primer término, una comparación: dado que la electricidad está en la naturaleza, ha existido en todos los tiempos y produjo invariablemente los efectos que hoy observamos, así como muchos otros que no conocemos aún. Como ignoraban su verdadera causa, los hombres explicaron esos efectos de un modo más o menos extravagante. El descubrimiento de la electricidad y de sus propiedades vino a echar por tierra una cantidad de teorías absurdas y ha proyectado luz sobre más de un misterio de la naturaleza. Lo que la electricidad y las ciencias físicas en general han hecho en relación con ciertos fenómenos, el espiritismo lo hace en cuanto a fenómenos de un orden diferente.

El espiritismo se basa en la existencia de un mundo invisible constituido por seres incorporales que pueblan el espacio, y que no son más que las almas de aquellos que han vivido en la Tierra o en otros globos, en los cuales han dejado su envoltura material. Esos seres son los que denominamos Espíritus. Nos rodean sin cesar y ejercen una gran influencia sobre nosotros, aunque no lo sepamos. Desempeñan un rol muy activo en el mundo moral, y hasta cierto punto en el mundo físico. El espiritismo está, pues, en la naturaleza, y podemos decir que en un determinado orden de ideas es una fuerza, tal como lo son desde otro punto de vista la electricidad y la gravitación. En efecto, los fenómenos que tienen origen en el mundo invisible se han producido en todos los tiempos; a eso se debe que la historia de todos los pueblos haga mención de ellos. Solamente en su ignorancia, como sucedió con la electricidad, los hombres han atribuido esos fenómenos a causas más o menos racionales, dando libre curso a su imaginación.

El espiritismo, mejor observado después de que se divulgó, ha venido a derramar luz sobre una gran cantidad de cuestiones que hasta hoy eran insolubles o mal comprendidas. Su verdadero carácter es, pues, el de una ciencia y no el de una religión; y la prueba de eso es que entre sus adeptos tiene hombres de todas las creencias, que no por eso han renunciado a sus convicciones: católicos fervientes que continúan con la práctica de todos los deberes de su culto –cuando la Iglesia no los rechaza–, protestantes de todas las sectas, israelitas, musulmanes y hasta budistas y brahmanes.

Por consiguiente, el espiritismo se basa en principios independientes de toda cuestión dogmática. Sus consecuencias morales se orientan en el sentido del cristianismo, porque de todas las doctrinas esta es la más esclarecida y pura, razón por la cual, entre todas las sectas religiosas del mundo, los cristianos son los más aptos para comprenderlo en su verdadera esencia. ¿Podemos censurarlo por eso? Sin duda, cada uno puede hacer de sus opiniones una religión, e interpretar según su voluntad las religiones conocidas, pero de ahí a constituir una nueva Iglesia la distancia es grande.

El Sacerdote.- Sin embargo, ¿no hacéis las evocaciones según una fórmula religiosa?

A. K.- Sin duda ponemos un sentimiento religioso en las evocaciones y en nuestras reuniones, pero no tenemos una fórmula sacramental. Para los Espíritus el pensamiento lo es todo, y la forma no es nada. Nosotros los llamamos en nombre de Dios, porque creemos en Dios y sabemos que nada se realiza en este mundo sin su permiso. Por lo tanto, ellos no vendrían si Dios no lo permitiera. En nuestros trabajos procedemos con calma y recogimiento, porque esa es una condición necesaria para las observaciones, y también porque conocemos el respeto que se debe a aquellos que ya no viven en la Tierra, sea cual fuere su condición, feliz o desdichada, en el mundo de los Espíritus. Hacemos un llamado a los Espíritus buenos porque, sabiendo que los hay buenos y malos, no queremos que estos últimos vengan a tomar parte fraudulentamente en las comunicaciones que recibimos. ¿Qué prueba todo eso? Que no somos ateos, lo que no implica en absoluto que seamos sectarios de una religión.

El Sacerdote.- ¡Pues bien! ¿Qué dicen los Espíritus superiores respecto de la religión? Los buenos deben aconsejarnos y guiarnos. Supongamos que yo no tuviera ninguna religión y quisiera escoger una. Si les pidiera consejo acerca de si debo hacerme católico, protestante, anglicano, cuáquero, judío, mahometano o mormón, ¿qué me responderían?

A. K.- En las religiones hay dos puntos que considerar: los principios generales, comunes a todas, y los principios particulares de cada una de ellas. Los primeros son los que acabamos de mencionar, y todos los Espíritus los proclaman, sea cual fuere su categoría. En cuanto a los segundos, los Espíritus *vulgares*, aunque no sean malos, pueden tener preferencias, opiniones; pueden recomendar tal o cual forma y estimular a ciertas prácticas, ya sea por convicción personal, ya porque han conservado las ideas de la vida terrenal, o bien por prudencia, para no amedrentar a las conciencias timoratas. ¿Suponéis, por ejemplo, que un Espíritu ilustrado, aunque fuese Fenelón, al dirigirse a un musulmán cometería la imprudencia de decirle que Mahoma es un impostor, y que él será condenado si no se hace cristiano? De ningún modo lo haría, porque sería rechazado.

En general, los Espíritus superiores, cuando no son solicitados por alguna consideración especial, no se preocupan por cuestiones de detalle, y se limitan a decir: "Dios es bueno y justo; sólo quiere el bien. La mejor de todas las religiones es la que sólo enseña lo que está conforme con la bondad y la justicia de Dios; la que ofrece acerca de Dios la idea más grandiosa y sublime, y no lo rebaja atribuyéndole las debilidades y las pasiones de la humanidad; la que hace a los hombres buenos y virtuosos, y les enseña a amarse como hermanos; la que condena todo el mal hecho al prójimo; la que no admite la injusticia bajo ninguna forma o pretexto; la que no prescribe nada contrario a las leyes inmutables de la naturaleza, porque no es posible que Dios se contradiga; es aquella cuyos ministros dan el mejor ejemplo de bondad, de caridad y moralidad; la que mejor combate el egoísmo y satisface menos el orgullo y la vanidad de los hombres; es aquella, por último, en cuyo nombre se comete menos mal, porque una buena religión no puede servir de pretexto a ningún mal; no le debe dejar ninguna puerta abierta, ni directamente ni por interpretación. Ved, juzgad y escoged".

El Sacerdote.- Creo que los Espíritus a los que consideráis superiores refutan ciertos puntos de la doctrina católica. En el supuesto de que esos puntos sean falsos, ¿podrá la creencia en ellos, según la opinión de esos Espíritus, resultar perjudicial para la salvación de los hombres que, equivocados o en lo cierto, los consideran un artículo de fe y los practican?

A. K.- Por cierto que no, toda vez que esa creencia no los aparte de la práctica del bien ni los incite al mal. En cambio, no cabe duda de que la creencia mejor fundada será perjudicial para ellos si les proporciona ocasión para hacer el mal y faltar a la caridad para con el prójimo, si los vuelve inflexibles y egoístas, porque en ese caso no estarán obrando conforme a la ley de Dios, y Dios toma en cuenta los pensamientos antes que los actos. ¿Quién osaría sostener lo contrario?

¿Suponéis, por ejemplo, que la fe podría resultarle muy provechosa a un hombre que creyera perfectamente en Dios, pero que en nombre de Dios practicara actos inhumanos o contrarios a la caridad? ¿Acaso no sería más culpable, dado que tuvo más medios para esclarecerse?

El Sacerdote.- De ese modo, el católico ferviente que cumple rigurosamente los deberes de su culto, ¿no es censurado por los Espíritus?

A. K.- No, si eso es para él una cuestión de conciencia y si lo hace con sinceridad. Pero sí, mil veces sí, cuando lo hace por hipocresía y sólo hay en él una piedad aparente.

Los Espíritus superiores, aquellos cuya misión consiste en el progreso de la humanidad, se rebelan contra todos los abusos que puedan retardar ese progreso, sean de la índole que fueren, y sean cuales fueren los individuos o las clases sociales que de ellos se aprovechen. Ahora bien, no podréis negar que la religión no siempre ha estado exenta de esos abusos. Si entre sus ministros hay muchos que desempeñan su misión con fervor absolutamente cristiano, que contribuyen a que la religión sea grande, noble y respetable, también es cierto que no todos han comprendido de ese modo la santidad de su ministerio. Los Espíritus combaten el mal dondequiera que este se encuentre. Señalar los abusos de la religión, ¿significa atacarla? La religión no tiene peores enemigos que aquellos que defienden los abusos, porque son esos abusos los que generan la idea de que puede ser sustituida por algo mejor. Si la religión corriese algún peligro, la responsabilidad debería recaer sobre los que dan de ella una idea falsa, los que la transforman en arena de las pasiones humanas y la explotan en provecho de su ambición.

El Sacerdote.- Habéis dicho que el espiritismo no discute los dogmas. Sin embargo, admite ciertos puntos combatidos por la Iglesia, como la reencarnación, por ejemplo, o la presencia del hombre en la Tierra antes de Adán. También niega la eternidad de las penas, la existencia de los demonios, el Purgatorio y el fuego del Infierno.

A. K.- Esos puntos han estado en discusión desde hace mucho tiempo. No ha sido el espiritismo el que los puso en evidencia. Son opiniones sobre algunas de las cuales existe controversia, incluso entre los teólogos, y que el porvenir habrá de juzgar. Un gran principio prevalece sobre todos: la práctica del bien, que es la ley superior, la condición *sine qua non* de nuestro porvenir, como lo prueba el estado de los Espíritus que se comunican con nosotros. Mientras no se haga para vosotros la luz sobre esas cuestiones, creed –si así lo queréis– en las llamas y en las torturas materiales, con tal de que eso sea un impedimento para que practiquéis el mal. Aún así, si esas cuestiones no existen, la creencia en ellas no las hará más reales. Creed –si os place– que sólo tenemos una existencia corporal, pero eso no impedirá que renazcáis aquí o en otra parte, si así debe ser, aun contra vuestra voluntad. Creed que el mundo entero fue creado en seis veces veinticuatro horas –si esa es vuestra opinión–, pero eso no impedirá que la Tierra nos muestre grabada en sus capas geológicas la prueba de lo contrario. Creed –si queréis– que Josué hizo que se detenga el Sol, porque eso no impedirá que la Tierra gire. Creed que el hombre está en la Tierra hace apenas seis mil años, pues eso no impedirá que los hechos os refuten. ¿Y qué diréis si un día la inexorable geología demuestra con patentes indicios que el hombre es anterior a esa fecha, como ha demostrado tantas otras cosas? Creed, pues, en todo lo que os plazca, incluso en la existencia del diablo, si esa creencia puede haceros buenos, humanitarios y caritativos para con vuestros semejantes. El espiritismo, como doctrina moral, sólo impone una cosa: la necesidad de hacer el bien y el deber de no hacer el mal. Se

trata de una ciencia de observación que –repito– tiene consecuencias morales, y esas consecuencias son la confirmación y
la prueba de los grandes principios de la religión. En cuanto
a las cuestiones secundarias, las deja libradas a la conciencia
de cada uno.

Tomad bien en cuenta, señor, que algunos de los puntos
divergentes de los que acabáis de hablar, no son en principio
refutados por el espiritismo. Si hubieseis leído todo lo que he
escrito al respecto, habríais visto que este se limita a darles una
interpretación más lógica y racional que la que vulgarmente
se les da. Así, por ejemplo, el espiritismo no niega el Purgatorio, sino que, por el contrario, demuestra su necesidad y
su justicia. Va incluso más allá, pues lo define. El Infierno ha
sido descripto como un inmenso horno; pero ¿será así como
lo entiende la alta teología? Evidentemente, no. La teología
afirma muy bien que se trata de una metáfora; que el fuego
que allí se consume es un fuego moral, símbolo de los más
intensos dolores.

En cuanto a la eternidad de las penas, si fuera posible hacer una votación para conocer la opinión íntima de todos los
hombres que razonan y están aptos para comprender, inclu-
yendo a los más religiosos, se vería hacia qué lado se inclina
la mayoría, porque la idea de una eternidad de los suplicios
implica la negación de la infinita misericordia de Dios.

Esto es, por otra parte, lo que sostiene la doctrina espírita
sobre el tema:

La duración del castigo está subordinada al mejoramiento del Espíritu culpable. Ninguna condenación por un tiempo determinado se ha pronunciado en contra suyo. Lo que
Dios exige para poner un término a los padecimientos es el
arrepentimiento, la expiación y la *reparación*; en suma, un

mejoramiento real, efectivo, y un sincero retorno al bien. El Espíritu es, de ese modo, el árbitro de su propia suerte; puede prolongar sus padecimientos de conformidad con su persistencia en el mal, o atenuarlos y abreviarlos según los esfuerzos que emplee para hacer el bien.

Dado que la duración del castigo está subordinada al arrepentimiento, el Espíritu culpable que no se arrepintiera ni mejorase nunca, sufriría siempre, y entonces para él la pena sería eterna. La eternidad de las penas debe, pues, ser entendida en un sentido relativo y no en sentido absoluto.

Una condición inherente a la inferioridad de los Espíritus es la de no ver el término de su situación y creer que sufrirán siempre, lo que para ellos es un castigo. Pero, a partir de que su alma se abre al arrepentimiento, Dios les hace entrever un rayo de esperanza.

Evidentemente, esta doctrina es más conforme a la justicia de Dios, que castiga mientras se persiste en el mal, y que concede gracia cuando se retorna al camino del bien. ¿Quién ha imaginado esa teoría? ¿Fuimos nosotros? No; fueron los Espíritus, que la enseñan y la demuestran mediante los ejemplos que ellos nos ofrecen a diario.

Así pues, los Espíritus no niegan las penas futuras, dado que ellos mismos describen sus padecimientos, y ese cuadro nos conmueve más que el de las llamas perpetuas, porque todo en él es perfectamente lógico. Se comprende que esto es posible, que así debe ser, que esa situación es una consecuencia muy natural de las cosas. El filósofo puede aceptarlo porque en él nada repugna a la razón. Por eso las creencias espíritas han conducido a tantas personas al bien, incluso entre los materialistas, a quienes el temor del Infierno tal como nos lo pintan, no los conmovió en absoluto.

El Sacerdote.- Aun admitiendo vuestro razonamiento, ¿no os parece que el vulgo necesita imágenes más impresionantes que las de una filosofía que no puede comprender?

A. K.- Ese es un error que ha convertido a más de un hombre al materialismo, o por lo menos lo ha apartado de la religión. Llega un momento en que esas imágenes ya no impresionan, y entonces aquellos que no profundizan las cosas, al no aceptar una parte rechazan el todo, porque dicen: "Si me han enseñado como verdad indiscutible un punto que es falso, si me han dado una imagen, una metáfora en lugar de la realidad, ¿quién me garantiza que el resto sea verdadero?" En cambio, si la razón, al acrecentarse, no tiene nada que rechazar, la fe se fortifica. La religión ganará siempre al seguir el progreso de las ideas; y si en algún momento decae, será porque los hombres avanzan y ella permanece en la retaguardia. Es un anacronismo pensar que se puede conducir a los hombres de hoy con el temor al demonio y a las torturas eternas.

El Sacerdote.- En efecto, la Iglesia reconoce actualmente que el Infierno material es una metáfora; pero eso no excluye la existencia de los demonios. Sin ellos, ¿cómo se explicaría la influencia del mal, que no puede venir de Dios?

A. K.- El espiritismo no admite la existencia de los demonios en el sentido vulgar de la palabra, pero admite la de los Espíritus malos, que no son mejores que aquellos y que también hacen el mal sugiriendo malos pensamientos. Solamente dice que esos Espíritus no son seres aparte, creados para el mal y perpetuamente dedicados al mal, especie de parias de la Creación y verdugos del género humano, sino que son seres atrasados, imperfectos aún, pero a los cuales Dios reserva el porvenir. En eso el espiritismo está de acuerdo con la Iglesia católica griega, que admite la conversión de Satán, lo cual es una alusión al mejoramiento de los Espíritus malos. Notad, también, que la palabra *demonio* sólo implica la idea de Espíritu malo en su acepción moderna, dado que la palabra griega *dâimon* significa *genio, inteligencia*. En todo caso, actualmente sólo se la utiliza con su sentido maligno. Ahora bien, admitir la comunicación de los Espíritus malos es reconocer, en principio, la realidad de las manifestaciones. La cuestión está en saber si ellos son los únicos que se comunican, como lo afirma la Iglesia para justificar la prohibición que ha impuesto sobre las comunicaciones con los Espíritus. Aquí apelamos al razonamiento y a los hechos. Si los Espíritus, cualesquiera que sean, se comunican, eso se debe a que tienen el consentimiento de Dios. En ese caso, ¿cómo se explica que solamente a los malos Él les permite hacerlo? ¿Por qué los deja completamente libres para que vengan a engañar a los hombres, mientras impide que los buenos acudan para hacer un contrapeso y neutralizar sus perniciosas doctrinas? Creer que es así, ¿no sería poner en duda el poder y la bondad de Dios, y hacer de Satán un rival de la Divinidad? La Biblia, el Evangelio, los Padres de la Iglesia reconocen perfectamente la posibilidad de las comunicaciones con el mundo invisible, y de ese mundo no están excluidos los buenos. ¿Por qué, pues, habríamos de excluirlos en la actualidad? Además, dado que la Iglesia admite la autenticidad de ciertas apariciones y comunicaciones de los santos, rechaza por eso mismo la idea de que sólo podemos entrar en relación con los Espíritus malos. Seguramente, cuando las comunicaciones sólo contienen cosas buenas, cuando se predica en ellas la más pura y sublime moral evangélica, la abnegación, el desinterés y el amor al prójimo; cuando se condena el mal, sea cual fuere el disfraz que se ponga, ¿será racional suponer que el que procede de ese modo es un Espíritu maligno?

El Sacerdote.- El Evangelio nos enseña que el ángel de las tinieblas, o Satán, se transforma en un ángel de luz para seducir a los hombres.

A. K.- Según el espiritismo y la opinión de muchos filósofos cristianos, Satán no es un ser real, sino la personificación del mal, como en el pasado Saturno era la personificación del tiempo. La Iglesia toma al pie de la letra esa figura alegórica. Se trata de una cuestión de opinión que no discutiré en absoluto. Admitamos por un instante que Satán sea un ser real. La Iglesia, de tanto exagerar el poder de ese ser con la intención de atemorizar a los hombres, llega a un resultado totalmente contrario, es decir, a la destrucción, no solamente del temor, sino también de la creencia en ese personaje, de acuerdo con el proverbio según el cual "quien mucho quiere probar acaba sin probar nada". La Iglesia presenta a Satán como eminentemente astuto, sagaz e ingenioso, pero cuando cuestiona al espiritismo lo hace desempeñar el papel de un loco o un tonto.

Ya que el objetivo de Satán es alimentar con sus víctimas el Infierno y arrebatar almas a Dios, es comprensible que se dirija a aquellos que están en el bien para inducirlos al mal, y que para eso se vea obligado a transformarse, según una bellísima alegoría, en un ángel de luz, es decir, que actúe como un hipócrita que simula la virtud. Sin embargo, ¿cómo se entiende que deje escapar a aquellos que ya tenía entre sus garras? Los que no creen en Dios ni en el alma, los que desprecian la oración y viven sumidos en el vicio, ya son del demonio, y nada más le queda a este por hacer para sepultarlos en el lodazal. Ahora bien, incitarlos a que vuelvan a Dios, a orar, a someterse a la voluntad del Creador, animarlos a que renuncien al mal mostrándoles la felicidad de los elegidos y la penosa suerte que aguarda a los malos, sería el acto de un tonto, un acto más estúpido que el de dejar en libertad a aves encerradas en una jaula con la intención de volver a atraparlas.

Así pues, en la doctrina de la comunicación exclusiva de los demonios hay una contradicción que resulta chocante para los hombres sensatos. Por eso nunca se convencerá a nadie de que los Espíritus que vuelven a conducir hacia Dios a aquellos que lo negaban, los que encaminan al bien a aquellos que practicaban el mal, los que consuelan a los afligidos y dan fuerza y valor a los débiles, los que por la sublimidad de sus enseñanzas elevan al alma por encima de la vida material, sean secuaces de Satán, y que por ese motivo se deba prohibir toda relación con el mundo invisible.

El Sacerdote.- Si la Iglesia prohíbe las comunicaciones con los Espíritus de los muertos, es porque son contrarias a la religión, visto que están formalmente condenadas por el Evangelio y por Moisés. Este último, al pronunciar la pena de muerte contra esas prácticas, demuestra cuán condenables son a los ojos de Dios.

A. K.- Disculpe, señor, pero esa prohibición no se encuentra en ninguna parte del Evangelio; sólo se halla en la ley mosaica. Se trata, pues, de saber si la Iglesia coloca a la ley mosaica por encima de la ley evangélica, es decir, si es más judía que cristiana. Debemos incluso notar que, de todas las religiones, la que menos se opone al espiritismo es la judía, y que esta no ha invocado contra las evocaciones la ley de Moisés, en la que se apoyan las sectas cristianas. Si las prescripciones bíblicas son el código de la fe cristiana, ¿por qué prohíben la lectura de la Biblia? ¿Qué diríamos si se prohibiese a un ciudadano el estudio del código de las leyes de su país?

La prohibición sancionada por Moisés tenía entonces su razón de ser, porque el legislador hebreo quería que su pueblo rompiese con todos los hábitos adquiridos entre los egipcios, y además porque el que ahora nos ocupa era objeto de abuso. No se evocaba a los muertos por el respeto y el afecto que se les debía, ni con un sentimiento de piedad, sino como un medio de adivinación, como objeto de un comercio vergonzoso, explotado por el charlatanismo y la superstición. Moisés tuvo, pues, razón en prohibirlo. Si él pronunció contra ese abuso una penalidad severa, se debió a que necesitaba medios rigurosos para gobernar a un pueblo indisciplinado. Por eso su legislación era pródiga en la aplicación de la pena de muerte. Es un error apoyarse en la severidad del castigo para demostrar el grado de culpabilidad que implicaba la evocación de los muertos.

Si la prohibición de evocar a los muertos procede de Dios mismo, según pretende la Iglesia, también debe de haber sido Dios el que instituyó la pena de muerte contra los delincuentes. Esa pena, pues, pasa a tener un origen tan sagrado como aquella prohibición. En ese caso, ¿por qué no la conservan también? Todas las leyes de Moisés son promulgadas en nombre de Dios y por orden de Él. Si creen que Dios es el autor de esas leyes, ¿por qué ya no las observan? Si la ley de Moisés es para la Iglesia un artículo de fe sobre ese punto, ¿por qué no lo es sobre los demás? ¿Por qué recurren a ella en lo que les conviene y la rechazan cuando no les interesa? ¿Por qué no siguen todas sus prescripciones, como la de la circuncisión, entre otras, que Jesús sufrió y no abolió?

En la ley mosaica había dos partes: 1) La ley de Dios, resumida en las tablas del Sinaí. Esta ley fue conservada porque es divina, y el Cristo no hizo más que desarrollarla; 2) La ley civil o disciplinaria, apropiada a las costumbres de la época y a la que el Cristo abolió.

Hoy las circunstancias ya no son las mismas, de modo que la prohibición de Moisés ha perdido su razón de ser. Por otra parte, si la Iglesia prohíbe la evocación de los Espíritus, ¿podrá acaso impedir que ellos vengan sin que se los llame? ¿No vemos a diario manifestaciones de todo tipo entre personas que nunca se han ocupado del espiritismo, y antes incluso de que este se divulgara?

Otra contradicción: si Moisés prohibió evocar a los Espíritus de los muertos, es porque esos Espíritus podían acudir al llamado, de lo contrario esa prohibición habría sido inútil. Si podían venir en aquella época, ¿por qué no podrían hacerlo hoy? Y si se trata de los Espíritus de los muertos, entonces no todos los Espíritus son demonios. Ante todo debemos emplear la lógica.

El Sacerdote.- La Iglesia no niega que los Espíritus buenos puedan comunicarse, pues reconoce que los santos también se han manifestado, pero no puede considerar como *buenos* a aquellos que vienen a refutar sus principios inmutables. Es cierto que los Espíritus enseñan que hay penas y recompensas futuras, pero no lo hacen de la misma manera que la Iglesia. Sólo ella puede juzgar lo que los Espíritus enseñan y distinguir los buenos de los malos.

A. K.- Esa es la gran cuestión. Galileo fue acusado de herejía y de ser inspirado por el demonio, porque venía a revelar una ley de la naturaleza que demostraba lo errado de una creencia que se consideraba inatacable. Fue condenado y excomulgado. Si los Espíritus hubieran concordado en todos los puntos con la enseñanza exclusiva de la Iglesia, si no hubiesen proclamado la libertad de conciencia y condenado ciertos abusos, todos ellos habrían sido bienvenidos y no se los hubiera calificado de demonios.

Esa es también la razón por la cual todas las religiones, tanto los musulmanes como los católicos, al considerarse en posesión exclusiva de la verdad absoluta, toman como obra del demonio toda doctrina que no sea completamente orto-doxa desde su punto de vista. Ahora bien, los Espíritus no vienen a demoler la religión, sino –como lo hiciera Galileo–, a revelarnos nuevas leyes de la naturaleza. Si algunos puntos de fe son afectados con esto, se debe a que –como sucedió con la creencia de que el Sol giraba alrededor de la Tierra– están en contradicción con esas leyes. La cuestión está en saber si un artículo de fe puede anular una ley de la naturaleza, que es obra de Dios; y si, una vez reconocida esa ley, no será más prudente interpretar el dogma de acuerdo con ella, en vez de atribuirla al demonio.

El Sacerdote.- Dejemos la cuestión de los demonios. Sé que los teólogos la interpretan de diversas formas. Con todo, el sistema de la reencarnación me parece más difícil de conci-liar con los dogmas, pues no es más que una renovación de la metempsicosis de Pitágoras.

A. K.- No es este el momento apropiado para discutir una cuestión que demandaría amplios desarrollos. La encontraréis tratada en *El libro de los Espíritus* (§166 y siguientes, § 222 y § 1010) y en *El Evangelio según el espiritismo* (Capítulos IV y V), de modo que al respecto sólo agregaré algunas palabras.

La metempsicosis de los antiguos consistía en la transmi-gración del alma del hombre a los animales, lo que implica una degradación. Por lo demás, esa doctrina no era lo que vulgarmente se cree. La transmigración por los cuerpos de los animales no era considerada una condición inherente a la naturaleza del alma humana, sino como un castigo temporal. Así, se admitía que las almas de los asesinos iban a habitar en los cuerpos de bestias feroces para recibir en ellos su castigo; las de los impúdicos pasaban por los cuerpos de los cerdos y los jabalíes; las de los inconstantes y los atolondrados migraban a los cuerpos de las aves; las de los perezosos y los ignorantes a los cuerpos de los animales acuáticos. Después de algunos miles de años, según el grado de culpabilidad, el alma salía de esa especie de prisión y volvía a la humanidad. La encarnación animal no era, pues, una condición absoluta y, como se ve, se asociaba a la reencarnación humana. La prueba de eso radica en que el castigo de los hombres tímidos consistía en pasar a cuerpos de mujeres expuestas al desprecio y a las injurias.[3] Era más una especie de espantajo para los simples, que un artículo de fe para los filósofos. De la misma manera que decimos a los niños: "Si os comportáis mal, os comerá el lobo", los antiguos decían a los criminales: "Seréis transformados en lobos"; y hoy se les dice: "El diablo os atrapará y os llevará al Infierno".

Según el espiritismo, la pluralidad de existencias difiere esencialmente de la metempsicosis, porque no admite la encarnación del alma humana en los animales, ni siquiera como castigo. Los Espíritus enseñan que el alma no retrograda, sino que progresa siempre. Sus diferentes existencias corporales se realizan en la humanidad, y cada una de ellas es un paso que el alma da en la senda del progreso intelectual y moral, lo que es muy diferente de la metempsicosis. Como no puede adquirir un desarrollo completo en una sola existencia, abreviada a menudo por causas accidentales, Dios le permite continuar en una nueva encarnación la tarea que no pudo concluir en

---

3. Véase la obra *Pluralidad de las existencias del alma*, de Pezzani. (N. de Allan Kardec)

otra, o volver a empezar la que hizo mal. La expiación en la vida corporal consiste en las tribulaciones que en ella sufrimos.

En cuanto a la cuestión de saber si la pluralidad de las existencias es o no contraria a ciertos dogmas de la Iglesia, me limitaré a decir lo siguiente:

Una de dos: la reencarnación existe, o no existe. Si existe, se debe a que está comprendida en las leyes de la naturaleza. Para probar que no existe sería necesario demostrar que es contraria, no a los dogmas, sino a esas leyes, y que se puede encontrar otra más clara, que explique aún más lógicamente las cuestiones que sólo ella puede resolver.

Además, es fácil demostrar que ciertos dogmas encuentran en la reencarnación una sanción racional, gracias a lo cual son admitidos por aquellos que antes los rechazaban por falta de comprensión. No se trata, pues, de destruir, sino de interpretar. Eso es lo que sucederá en el futuro, por la fuerza de las circunstancias. Los que no quieran aceptar la interpretación quedarán absolutamente libres, como hoy son libres de creer que el Sol gira alrededor de la Tierra. La idea de la pluralidad de las existencias se difunde con una asombrosa rapidez, en razón de su absoluta lógica y de su conformidad con la justicia de Dios. ¿Qué hará la Iglesia cuando la reencarnación sea reconocida como una verdad natural y aceptada por todos?

En resumen, la reencarnación no es un sistema concebido para satisfacer las necesidades de una causa, como tampoco es una opinión personal. Es un hecho, o no lo es. *Si está demostrado que ciertas cosas que existen serían materialmente imposibles sin la reencarnación, es preciso que admitamos que son consecuencia de la reencarnación.* Por consiguiente, si ella está en la naturaleza, no puede ser anulada por una opinión contraria.

El Sacerdote.- Según los Espíritus, los hombres que no creen en ellos ni en sus manifestaciones, ¿serán menos favorecidos en la vida futura?

A. K.- Si esa creencia fuese indispensable para la salvación de los hombres, ¿qué sería de aquellos que desde el comienzo del mundo no han tenido la oportunidad de profesarla, así como de los que durante mucho tiempo morirán sin haberla conocido? ¿Podrá Dios cerrarles las puertas del porvenir? No; los Espíritus que nos instruyen son mucho más lógicos. Ellos nos dicen: "Dios es soberanamente justo y bueno, y no subordina la suerte futura del hombre a condiciones ajenas a la voluntad del propio hombre". Ellos no nos dicen: *Fuera del espiritismo no hay salvación*, sino, como el Cristo: *Fuera de la caridad no hay salvación.*

El Sacerdote.- Entonces, permitidme deciros que, dado que los Espíritus sólo enseñan los principios de la moral que encontramos en el Evangelio, no veo cuál puede ser la utilidad del espiritismo, puesto que antes de que esa doctrina existiera podíamos salvarnos, e incluso ahora podemos hacerlo, sin recurrir a ella. No sucedería lo mismo si los Espíritus viniesen a enseñar algunas grandes verdades nuevas, algunos de esos principios que cambian la faz del mundo, como hizo el Cristo. Al menos el Cristo era único, y también su doctrina, mientras que los Espíritus se cuentan por miles y se contradicen: unos dicen blanco y los otros negro. A eso se debe que, desde el comienzo, sus partidarios hayan formado muchas sectas. ¿No sería mejor que dejemos a los Espíritus tranquilos, y que nos contentemos con lo que ya tenemos?

A. K.- Cometéis un error, señor, al no apartaros de vuestro punto de vista, y al considerar siempre a la Iglesia como el único criterio de los conocimientos humanos. Si Cristo dijo la verdad, el espiritismo no podía decir otra cosa, y en vez de atacarlo por eso, se lo debería acoger como un poderoso auxiliar que viene a confirmar, a través de todas las voces de ultratumba, las verdades fundamentales de la religión, que la incredulidad critica severamente. Es comprensible que el materialismo combata al espiritismo; pero lo que no se puede concebir es que la Iglesia se asocie al materialismo para atacarlo. También es ilógico que la Iglesia califique de demoníaca una enseñanza que se apoya en la misma autoridad que ella, y que proclama la misión divina del fundador del cristianismo.

Pero ¿el Cristo lo ha dicho todo? ¿Podía revelarlo todo? No, porque él mismo dijo: "Yo tengo aún muchas cosas para deciros, pero no podéis comprenderlas; es por eso que os hablo en parábolas". Hoy, cuando el hombre está maduro para comprender, el espiritismo viene a completar y explicar lo que Cristo sólo esbozó o dijo bajo una forma alegórica. Diréis, sin duda, que competía a la Iglesia dar esa explicación. Pero ¿a cuál de ellas? ¿A la Iglesia romana, a la griega o a la protestante? Visto que no están de acuerdo, cada una de ellas hubiera dado la explicación a su modo, y reivindicaría para sí el privilegio de hacerlo. ¿Cuál de ellas conseguiría reunir a todos los cultos disidentes? Dios, que es sabio, previendo que los hombres la contaminarían con sus pasiones y sus prejuicios, no ha querido confiarles el cuidado de esta nueva revelación, de modo que la encomendó a los Espíritus, sus mensajeros, para que la proclamen en todos los puntos del globo, fuera de cualquier culto particular, a fin de que ella pueda aplicarse a todos y que ninguno la desvíe en su propio beneficio.

Por otro lado, los diversos cultos cristianos, ¿no se apartaron en nada del camino trazado por el Cristo? ¿Se observan escrupulosamente sus preceptos morales? ¿No se han desnaturalizado sus palabras, para que sirvan de apoyo a la ambición y a las pasiones humanas, cuando estas son su propia condenación? Ahora bien, el espiritismo, mediante la voz de los Espíritus enviados por Dios, viene a llamar a la estricta observancia de sus preceptos a aquellos que de ella se apartan. ¿No será, sobre todo, por esto último que lo califican de obra satánica?

Sin razón dais el nombre de *sectas* a algunas divergencias de opiniones relativas a los fenómenos espíritas. No es de extrañar que en el comienzo de una ciencia, cuando para muchos las observaciones eran todavía incompletas, hayan surgido teorías contradictorias. Pero esas teorías se basan en detalles y no en el principio fundamental. Pueden constituir *escuelas* que expliquen ciertos hechos a su modo, pero no son sectas, como no lo son los diferentes sistemas que dividen a nuestros científicos en relación con las ciencias exactas: en medicina, física, etc. Borrad, pues, la palabra *secta*, que es del todo impropia en el caso que nos ocupa. Por otra parte, ¿a cuántas sectas no ha dado origen el cristianismo desde que surgió? ¿Por qué la palabra del Cristo no ha tenido suficiente poder para imponer silencio a todas las controversias? ¿Por qué es susceptible de interpretaciones que aun en la actualidad dividen a los cristianos en diferentes Iglesias, todas las cuales pretenden tener exclusivamente la verdad requerida para la salvación, detestándose cordialmente y anatematizándose en nombre de su divino Maestro, que no predicó más que el amor y la caridad? Vos diréis que eso sucede a causa de la debilidad de los hombres. De acuerdo. Pero entonces, ¿cómo queréis que el espiritismo triunfe súbitamente sobre esa debilidad y transforme a la humanidad como por encanto?

Pasemos a la cuestión de la utilidad. Alegáis que el espiritismo no nos enseña nada nuevo. Eso es un error, puesto que enseña mucho a los que no se detienen en la superficie. Aunque este no hiciese más que sustituir la máxima *Fuera de la Iglesia no hay salvación*, que divide a los hombres, por esta otra: *Fuera de la caridad no hay salvación*, que los congrega, ya habría establecido una nueva era para la humanidad.

Habéis dicho que se podría prescindir del espiritismo. De acuerdo. También se podría prescindir de una infinidad de descubrimientos científicos. No hay duda de que los hombres estaban bien antes del descubrimiento de los nuevos planetas, antes de que se hubiese hecho el cálculo de los eclipses, antes de que se conociera el mundo microscópico y otras cien cosas. El campesino, para vivir y cultivar el trigo, no necesita saber qué es un cometa, y nadie niega que todas esas cosas amplían el círculo de las ideas y nos hacen comprender mejor las leyes de la naturaleza. Ahora bien, el mundo de los Espíritus es una de esas leyes, que el espiritismo nos hace conocer. Nos enseña la influencia que ese mundo ejerce sobre el mundo corporal. Supongamos que a eso se limitase su utilidad, ¿no sería ya mucho que revelara semejante poder?

Veamos ahora su influencia moral. Admitamos que el espiritismo no enseña absolutamente nada nuevo al respecto. ¿Cuál es el mayor enemigo de la religión? El materialismo, porque el materialismo no cree en nada. Ahora bien, el espiritismo es la negación del materialismo, que ante él ya no tiene razón de ser, puesto que no es más con el razonamiento ni con la fe ciega que se le dice al materialista que no todo se acaba con el cuerpo, sino con los hechos. Se le muestra, se le hace tocar y ver. ¿No es ese un pequeño servicio que el espiritismo presta a la humanidad y a la religión? Pero eso no es todo: la certeza de la vida futura, así como el cuadro viviente de aquellos que nos han precedido en esa vida, demuestran la necesidad del bien y las consecuencias inevitables del mal. Por esa razón, sin ser una religión, el espiritismo conduce esencialmente a las ideas religiosas, y las desarrolla en aquellos que no las poseen, así como las afianza en los que vacilan. La religión encuentra, pues, un apoyo en el espiritismo, no para esas personas de visión limitada que la vinculan exclusivamente con la doctrina del fuego eterno, es decir, más con la letra que con el espíritu, sino para aquellos que la consideran conforme a la magnificencia y la majestad de Dios.

En una palabra, el espiritismo enriquece y eleva las ideas; combate los abusos generados por el egoísmo, la codicia y la ambición. Pero ¿quién tendría la osadía de justificar esos abusos y proclamarse su defensor? Si bien el espiritismo no es indispensable para la salvación, la facilita al afirmarnos en el camino del bien. Además, ¿qué hombre sensato se atrevería a aventurar que la falta de ortodoxia es más reprensible a los ojos de Dios que el ateísmo y el materialismo? Propongo claramente las siguientes preguntas a las personas que combaten el espiritismo desde el punto de vista de sus consecuencias religiosas:

1°. ¿Quién será menos favorecido en la vida futura: aquel que no cree en nada, o el que cree en las verdades generales pero no acepta ciertos aspectos del dogma?

2°. El protestante y el cismático, ¿estarán confundidos en la misma reprobación que el ateo y el materialista?

3°. Aquel que no es ortodoxo en el sentido riguroso de la palabra, pero que hace todo el bien que puede, que es bueno e indulgente para con el prójimo, leal en sus relaciones sociales, ¿tendrá menos garantía de salvación que aquel que cree en todo pero es inflexible, egoísta y falto de caridad?

4°. ¿Qué vale más a los ojos de Dios: la práctica de las virtudes cristianas sin cumplir con los deberes de la ortodoxia, o el cumplimiento de estos últimos sin la práctica de la moral?

He respondido, señor cura, a las preguntas y objeciones que me habéis dirigido. Pero lo he hecho –como os lo dije al comienzo– sin la menor intención preconcebida de conduciros hacia nuestras ideas ni de que cambiéis vuestras convicciones, limitándome a haceros enfocar el espiritismo desde su verdadero punto de vista. Si no hubieseis venido, yo no os habría ido a buscar, lo que no quiere decir que despreciemos vuestra adhesión a nuestros principios, en caso de que esta tenga lugar. Muy lejos de eso, nos sentimos felices con las adquisiciones que hacemos, que tienen para nosotros tanto más valor cuanto más libres y voluntarias son. No sólo no tenemos el derecho de ejercer coacción sobre quienquiera que sea, sino que también sentiríamos escrúpulo en perturbar la conciencia de aquellos que, aunque tienen creencias que los satisfacen, no vienen espontáneamente a nuestro encuentro.

* * *

Hemos dicho que el mejor medio de que alguien se ilustre acerca del espiritismo es el estudio previo de la teoría. Los hechos vendrán después, naturalmente, y se los comprenderá sea cual fuere el orden en que las circunstancias los presenten. Hemos hecho nuestras publicaciones con la intención de favorecer ese estudio. Este es el orden en que aconsejamos leerlas.

La primera lectura que debe hacerse es la de este resumen, que presenta el conjunto y los puntos más prominentes de la ciencia espírita. Con eso ya es posible formarse una idea del espiritismo y quedar convencido de que, en el fondo, hay algo serio. En esta breve exposición nos hemos dedicado a señalar los puntos sobre los cuales el observador debe fijar particularmente la atención. La ignorancia de los principios fundamentales de la doctrina espírita es la causa de las falsas apreciaciones de la mayoría de aquellos que pretenden juzgar lo que no comprenden, o que se basan en ideas preconcebidas.

Si de la lectura de este resumen surge el deseo de saber más sobre el asunto, se deberá leer *El libro de los Espíritus*, donde los principios de la doctrina espírita están completamente desarrollados. A continuación, *El libro de los médiums* para la parte experimental, destinado a servir de guía a los que deseen operar por sí mismos, así como a los que quieran comprender los fenómenos. Vienen después las diversas obras donde se desarrollan las aplicaciones y las consecuencias de la doctrina, tales como *El Evangelio según el espiritismo*, *El Cielo y el Infierno o la justicia divina según el espiritismo*, *La génesis, los milagros y las predicciones según el espiritismo*, etc.

La *Revista Espírita* es en cierto modo un curso de aplicaciones, en virtud de los numerosos ejemplos y desarrollos que contiene, tanto sobre la parte teórica como sobre la parte experimental.

A las personas serias, que han hecho un estudio previo de la doctrina, tendremos el placer de darles verbalmente las explicaciones que sean necesarias sobre los puntos que no hayan comprendido del todo.

Capítulo II

Nociones elementales de espiritismo

Observaciones preliminares

1. Es un error suponer que a ciertos incrédulos les basta con presenciar fenómenos extraordinarios para convencerse acerca de la existencia de los Espíritus. Los que no admiten en el hombre la existencia del alma o espíritu, tampoco pueden aceptarla fuera de él. Por consiguiente, al negar la causa, niegan el efecto. De ese modo, casi siempre se presentan con una idea preconcebida favorable a la negación, lo que les impide observar los fenómenos con seriedad y de manera imparcial. Formulan preguntas y objeciones que no se pueden responder de inmediato en forma completa, porque sería preciso hacer para cada uno de ellos una especie de curso y retomar las cosas desde el principio. Sólo el estudio previo puede evitar esas objeciones, que en su mayoría se basan en la ignorancia de la causa de los fenómenos, así como de las condiciones en que estos se producen.

2. Quienes no conocen el espiritismo suponen que los fenómenos espíritas se producen del mismo modo que los experimentos de física y de química. De ahí la pretensión de someterlos a su voluntad, así como el rechazo a ponerse en

las condiciones necesarias para observarlos. Dado que no admiten como principio la existencia y la intervención de los Espíritus, o al menos no conocen su naturaleza ni su modo de obrar, proceden como si operasen sobre la materia bruta; y puesto que no obtienen lo que desean, concluyen que los Espíritus no existen.

Desde un punto de vista diferente se comprenderá que, como los Espíritus son las almas de los hombres, después de la muerte todos nosotros seremos Espíritus, y que en esas condiciones también estaríamos poco dispuestos a servir de juguete para satisfacer las fantasías de los curiosos.

3. Aunque ciertos fenómenos puedan ser provocados, el hecho de que provengan de inteligencias libres implica que nunca se encuentran a total disposición de nadie, de modo que quien estuviera seguro de obtenerlos a voluntad probaría su ignorancia o su mala fe. Es preciso aguardarlos, registrarlos en el momento en que ocurren espontáneamente, pues muchas veces los hechos más interesantes y concluyentes se presentan cuando menos los esperamos. Aquel que desee seriamente instruirse debe, pues, en esto como en todo, armarse de paciencia y perseverancia, además de hacer lo necesario, de lo contrario más le valdría no ocuparse del tema.

4. Las reuniones dedicadas a las manifestaciones espíritas no siempre se realizan en buenas condiciones, ya sea para obtener resultados satisfactorios o para convencer a los presentes. Incluso debemos admitir que a veces los incrédulos salen de esas reuniones menos convencidos de lo que estaban al entrar, lo que los lleva a quejarse ante quienes les hablaron del carácter serio del espiritismo, en vista de las cosas a menudo ridículas que han presenciado. En ese sentido, no son más lógicos que aquel que pretende juzgar un arte por los bocetos

de un aprendiz, a una persona por su caricatura, o a una tragedia por su parodia. El espiritismo tiene también aprendices, de modo que la persona que quiera instruirse al respecto no debe recibir las enseñanzas de una sola fuente. Sólo mediante el examen y la comparación podrá fundar un juicio.

5. Las reuniones frívolas tienen el grave inconveniente de dar a los novicios que a ellas asisten una idea falsa del carácter del espiritismo. Los que sólo han frecuentado reuniones de ese tipo no pueden tomar en serio algo que ven tratado con ligereza por aquellos mismos que se dicen adeptos. Un estudio previo les enseñará a juzgar el alcance de lo que ven, así como a distinguir lo bueno de lo malo.

6. El mismo razonamiento se aplica a los que juzgan al espiritismo a partir de ciertas obras excéntricas que sólo dan de él una idea incompleta y ridícula. El espiritismo serio no es responsable de aquellos que lo comprenden mal o lo practican de manera inadecuada, del mismo modo que la poesía no es responsable de los que producen malos versos. "Es deplorable —alegan— que existan esas obras, pues hacen daño a la verdadera ciencia." No cabe duda de que sería preferible que sólo existiesen obras buenas. No obstante, el daño mayor lo sufren quienes no se toman el trabajo de estudiarlas todas. Por otra parte, la totalidad de las artes y las ciencias se encuentran en la misma situación. ¿No existen acaso, sobre las cosas más serias, tratados absurdos y llenos de errores? ¿Por qué el espiritismo habría de ser privilegiado en ese sentido, principalmente en sus comienzos? Si aquellos que lo critican no lo juzgaran por las apariencias, sabrían lo que admite y lo que rechaza, y no le atribuirían lo que él mismo repudia en nombre de la razón y de la experiencia.

Acerca de los Espíritus

7. Los Espíritus no son, como muchas veces se imagina, seres aparte en la Creación. Son las almas de los que han vivido en la Tierra o en otros mundos, despojadas de su envoltura corporal. Aquel que admite la supervivencia del alma al cuerpo, admite por eso mismo la existencia de los Espíritus; negar a los Espíritus sería negar el alma.

8. En general, se tiene una idea muy errónea del estado de los Espíritus. Ellos no son, como algunos suponen, seres imprecisos e indefinidos, ni llamas semejantes a los fuegos fatuos, ni fantasmas como los que se presentan en los cuentos de aparecidos. Son seres semejantes a nosotros, que tienen un cuerpo como el nuestro, pero fluídico e invisible en el estado normal.

9. Mientras el alma está unida al cuerpo durante la vida, tiene una doble envoltura: una pesada, densa y destructible, que es el cuerpo; la otra fluídica, ligera e indestructible, denominada *periespíritu*.

10. Existen, pues, tres elementos esenciales en el hombre: 1.º el *alma* o *Espíritu*, principio inteligente en el cual residen el pensamiento, la voluntad y el sentido moral; 2.º el *cuerpo*, envoltura material que pone al Espíritu en relación con el mundo exterior; 3.º el *periespíritu*, envoltura fluídica, ligera, imponderable, que sirve de lazo y de intermediario entre el Espíritu y el cuerpo.

11. Cuando la envoltura exterior está gastada y ya no puede funcionar, deja de vivir, y entonces el Espíritu se despoja de ella, así como el fruto se despoja de la cáscara, el árbol de la corteza, la serpiente de la piel; en una palabra, del mismo

modo que se deja una ropa gastada; esto es lo que denominamos *muerte*.

12. La muerte es apenas la destrucción de la envoltura material. El alma abandona esa envoltura como lo hace la mariposa con la crisálida; aunque conserva su cuerpo fluídico o periespíritu.

13. La muerte del cuerpo libera al Espíritu de la envoltura que lo ligaba a la Tierra y lo hacía sufrir; una vez que se ha liberado de ese fardo, sólo le queda su cuerpo etéreo, que le permite recorrer el espacio y trasponer las distancias con la rapidez del pensamiento.

14. La unión del alma, del periespíritu y del cuerpo material constituye el *hombre*; el alma y el periespíritu, separados del cuerpo, constituyen el ser denominado *Espíritu*.

Observación. De este modo, el *alma* es un ser simple; el *Espíritu*, un ser doble, y el *hombre*, un ser triple. Sería, pues, más exacto reservar la palabra *alma* para designar el principio inteligente, y la palabra *Espíritu* para el ser semimaterial formado por ese principio y el cuerpo fluídico. Pero como no se puede concebir el principio inteligente totalmente aislado de la materia, ni el periespíritu sin que esté animado por el principio inteligente, las palabras *alma* y *Espíritu* son, en cuanto al uso, empleadas indistintamente una por otra. Es la figura que consiste en tomar la parte por el todo, así como se dice que una ciudad está poblada por tantas almas, o que una aldea se compone de tantas familias. Con todo, desde el punto de vista filosófico, es fundamental establecer la diferencia.

15. Los Espíritus, revestidos de cuerpos materiales, constituyen la humanidad o mundo corporal visible; despojados de esos cuerpos, constituyen el mundo espiritual o invisible, que puebla el espacio y en medio del cual vivimos sin sospecharlo, así como vivimos en medio del mundo de los infinitamente pequeños, cuya existencia tampoco sospechábamos antes de la invención del microscopio.

16. Los Espíritus no son, pues, seres abstractos, imprecisos e indefinidos, sino seres concretos y circunscritos, a los cuales sólo les falta ser visibles para asemejarse a los humanos. De ahí se sigue que, si en determinado momento pudiéramos levantar el velo que los oculta a nuestra vista, constituirían una población alrededor nuestro.

17. Los Espíritus poseen todas las percepciones que tenían en la Tierra, aunque en un grado más alto, porque sus facultades no están aminoradas por la materia; tienen sensaciones que nos son desconocidas; ven y oyen cosas que nuestros limitados sentidos no nos permiten ver ni oír. Para ellos no existe la oscuridad, con excepción de aquellos cuyo castigo consiste en hallarse transitoriamente en las tinieblas. Todos nuestros pensamientos repercuten en ellos, y los leen como en un libro abierto; de modo tal que lo que podemos esconder a alguien mientras vive en la Tierra, ya no se lo podremos ocultar cuando sea Espíritu. (Véase *El libro de los Espíritus*, § 237.)

18. Los Espíritus están en todas partes: a nuestro lado, se codean con nosotros y nos observan sin cesar. Por su presencia incesante entre nosotros, los Espíritus son los agentes de diversos fenómenos; desempeñan un rol importante en el mundo moral, y hasta cierto punto en el mundo físico, de modo que constituyen una de las fuerzas de la naturaleza.

19. En tanto se admita la supervivencia del alma o Espíritu, es racional que también se admita la supervivencia de los afectos; de lo contrario, habríamos perdido para siempre el vínculo con las almas de nuestros parientes y amigos.

Puesto que los Espíritus pueden ir a todas partes, también es racional que se admita que aquellos que nos han amado durante la vida terrenal sigan amándonos después de la muerte, que se acerquen a nosotros, que deseen comunicarse con nosotros, y que para eso se sirvan de los medios que están a su disposición. Esto es lo que la experiencia confirma.

En efecto, la experiencia prueba que los Espíritus conservan los afectos sinceros que tenían en la Tierra, y que se complacen en acercarse a aquellos a los que han amado, sobre todo cuando estos los atraen con el pensamiento y los sentimientos afectuosos que les dedican, mientras que se muestran indiferentes en relación con aquellos que sólo tienen indiferencia para con ellos.

20. El espiritismo tiene como objetivo la comprobación y el estudio de las manifestaciones de los Espíritus, de sus facultades, de su situación feliz o desdichada, así como de su porvenir; en suma, el conocimiento del mundo espiritual. Una vez que han sido comprobadas, esas manifestaciones dan como resultado la prueba irrefutable de la existencia del alma, de su supervivencia al cuerpo, de su individualidad después de la muerte, es decir, de la vida futura. Por eso mismo, el espiritismo es la negación de las doctrinas materialistas, ya no mediante razonamientos, sino por medio de hechos.

21. Una idea bastante generalizada entre las personas que no conocen el espiritismo es la de creer que los Espíritus, por el solo hecho de que se han desprendido de la materia, deben

saberlo todo y poseer la suprema sabiduría. Este es un grave error.

Dado que los Espíritus no son más que las almas de los hombres, estos no adquieren la perfección tan pronto como abandonan la envoltura terrenal. El progreso de los Espíritus sólo se realiza con el tiempo, y no es más que paulatinamente que se despojan de sus imperfecciones y adquieren los conocimientos que les faltan. Sería tan ilógico admitir que el Espíritu de un salvaje o de un criminal puede convertirse de repente en sabio y virtuoso, como sería contrario a la justicia de Dios suponer que continuará perpetuamente en ese estado de inferioridad.

Así como existen hombres de todos los grados de saber y de ignorancia, de bondad y de maldad, lo mismo ocurre entre los Espíritus. Algunos de ellos son apenas frívolos y traviesos; otros son mentirosos, traicioneros, hipócritas, malos y vengativos; otros, por el contrario, poseen las virtudes más sublimes y un grado de saber desconocido en la Tierra. Esa diversidad en las cualidades de los Espíritus constituye uno de los puntos más importantes a considerar, porque explica la naturaleza buena o mala de las comunicaciones que se reciben. Debemos dedicarnos, sobre todo, a distinguir unas de otras. (Véase *El libro de los Espíritus*, § 100 - "Escala espírita"; y *El libro de los médiums*, cap. XXIV.)

Comunicaciones con el mundo invisible

22. Una vez que han sido admitidas la existencia, la supervivencia y la individualidad del alma, el espiritismo se reduce a una sola cuestión principal: *¿son posibles las comunicaciones entre las almas y los vivientes?* Esa posibilidad es un resultado

de la experiencia. Una vez que se ha establecido el hecho de las relaciones entre el mundo visible y el mundo invisible, así como el conocimiento de la naturaleza, la causa y el modo de esas relaciones, se abre un nuevo campo para la observación y se encuentra la clave de una gran cantidad de problemas. Al mismo tiempo, al hacer que cese la duda sobre el porvenir, el espiritismo es un poderoso elemento moralizador.

23. Lo que en la mente de muchas personas genera dudas sobre la posibilidad de las comunicaciones de ultratumba, es la idea falsa que estas se forman acerca del estado del alma después de la muerte. Por lo general se imaginan que el alma es un soplo, un humo, algo impreciso, apenas comprensible para el pensamiento, que se evapora y se va no se sabe a dónde, pero tan lejos que cuesta comprender que le sea posible regresar a la Tierra. En cambio, si la consideramos unida a un cuerpo fluídico, semimaterial, con el que forma un ser concreto e individual, sus relaciones con los vivos no tienen nada que sea incompatible con la razón.

24. Dado que el mundo visible se halla inmerso en el mundo invisible, con el cual está en contacto permanente, de ahí resulta que ambos reaccionan incesantemente el uno sobre el otro; que desde el momento en que hay hombres también hay Espíritus, y que si estos últimos tienen el poder de manifestarse, han debido hacerlo en todas las épocas y entre todos los pueblos. No obstante, en estos últimos tiempos las manifestaciones de los Espíritus han adquirido un gran desarrollo y un mayor carácter de autenticidad, porque era intención de la Providencia poner término a la plaga de la incredulidad y del materialismo por medio de pruebas evidentes, permitiendo a aquellos que han dejado la Tierra que

viniesen a dar testimonio de su existencia y a revelarnos su situación feliz o desdichada.

25. Las relaciones entre el mundo visible y el mundo invisible pueden ser ocultas o patentes, espontáneas o provocadas.

Los Espíritus actúan sobre los hombres de una manera oculta por medio de los pensamientos que les sugieren y de ciertas influencias, y de una manera patente por medio de efectos perceptibles por los sentidos.

Las manifestaciones espontáneas tienen lugar inopinadamente y de improviso; se producen con frecuencia entre las personas más extrañas a las ideas espíritas, quienes, por eso mismo, al no comprenderlas, las atribuyen a causas sobrenaturales. Las que son provocadas ocurren por intermedio de ciertas personas dotadas a tal efecto de facultades especiales, y designadas con el nombre de *médiums*.

26. Los Espíritus pueden manifestarse de muchas maneras diferentes: por la vista, la audición, el tacto, produciendo ruidos y movimientos de cuerpos, por la escritura, el dibujo, la música, etc.

27. Los Espíritus a veces se manifiestan espontáneamente por medio de ruidos y golpes; con frecuencia se trata de un medio que emplean para demostrar su presencia y llamar la atención, así como nosotros golpeamos para avisar que hay alguien en la puerta de entrada. Los hay que no se limitan a producir ruidos moderados, sino que llegan incluso a generar estruendos semejantes a los de la vajilla cuando se rompe, de puertas que se abren y se cierran de golpe, o de muebles arrojados al piso. Algunos llegan a causar una perturbación real y verdaderos estragos. (Véase la *Revista Espírita*, mayo, junio y julio de 1858: "El Espíritu golpeador de Bergzabern"; *Ibídem*,

agosto de 1858: "El Espíritu golpeador de Dibbelsdorf"; *Ibídem*, marzo de 1860: "El panadero de Dieppe"; *Ibídem*, abril de 1860: "El fabricante de San Petersburgo"; *Ibídem*, agosto de 1860: "El trapero de la calle de los Nogales".)

28. El periespíritu es una materia etérea, aunque sea invisible para nosotros en su estado normal. En ciertos casos, el Espíritu puede hacerle experimentar una especie de modificación molecular, que lo vuelve visible e incluso tangible; así se producen las apariciones. Ese fenómeno no es más extraordinario que el del vapor, que es invisible cuando está muy enrarecido y se vuelve visible al condensarse.

Los Espíritus que se hacen visibles se presentan casi siempre con la apariencia que tenían en vida, y que les permite ser reconocidos.

29. La visión permanente y general de los Espíritus es muy rara, pero las apariciones aisladas son bastante frecuentes, sobre todo en el momento de la muerte. Cuando el Espíritu se desprende del cuerpo parece darse prisa en ir a ver de nuevo a sus parientes y amigos, como si quisiera advertirles que acaba de dejar la Tierra y decirles que sigue vivo. Si pasáramos revista a nuestros recuerdos, veríamos cuántos hechos auténticos de ese tipo nos ocurrieron sin que nos diéramos cuenta, no sólo por la noche, durante el sueño, sino también a pleno día y en el más completo estado de vigilia. En el pasado esos hechos se consideraban sobrenaturales y maravillosos, y eran atribuidos a la magia y a la brujería. Actualmente, los incrédulos los atribuyen a la imaginación. Sin embargo, desde que la ciencia espírita nos ha dado la clave para explicarlos, sabemos cómo se producen y que no se apartan del orden de los fenómenos naturales.

30. Durante la vida, el Espíritu obraba sobre su cuerpo con la ayuda del periespíritu; y también con ese mismo fluido se manifiesta al actuar sobre la materia inerte, produciendo ruidos, movimientos de mesas y de otros objetos a los cuales levanta, derriba o transporta. Ese fenómeno no tiene nada de sorprendente si consideráramos que entre nosotros los más poderosos motores se alimentan de los fluidos más rarificados e incluso imponderables, como el aire, el vapor y la electricidad.

Asimismo, con la ayuda de su periespíritu, el Espíritu hace que los médiums escriban, hablen o dibujen. Dado que no posee un cuerpo tangible para actuar ostensiblemente, el Espíritu que quiere manifestarse se sirve del cuerpo del médium, cuyos órganos toma prestados, y lo hace actuar como si fuera su propio cuerpo, mediante el efluvio fluídico que vierte sobre él.

31. En el fenómeno designado con el nombre de *mesas motoras* o *parlantes*, el Espíritu actúa sobre ese mueble por el mismo medio, ya sea para hacer que se mueva sin una significación determinada, o bien para que dé golpes inteligentes señalando las letras del alfabeto con las que forma palabras y frases, fenómeno designado con el nombre de *tiptología*. En este caso, la mesa no es más que un instrumento del cual se sirve el Espíritu, como lo hace con el lápiz para escribir; le confiere una vitalidad momentánea a través del fluido con que la impregna, pero *no se identifica con ella*. Por consiguiente, las personas que presas de la emoción abrazan a la mesa cuando ven la manifestación de un ser querido practican un acto ridículo, porque es exactamente como si abrazaran el bastón del que se sirve un amigo para dar golpes. Lo mismo podemos decir en relación con aquellas que dirigen la palabra a la mesa, como si el Espíritu estuviera encerrado en la madera, o como si la madera se hubiese convertido en Espíritu.

Cuando se producen comunicaciones por ese medio, es preciso saber que el Espíritu no se encuentra en la mesa, sino junto a ella, *como lo haría si estuviese vivo*, y tal como lo veríamos si en ese momento pudiera hacerse visible. Lo mismo sucede con las comunicaciones por escrito: veríamos al Espíritu al lado del médium, dirigiendo su mano o transmitiéndole su pensamiento a través de una corriente fluídica.

Cuando la mesa se aparta del suelo y flota en el espacio sin un punto de apoyo, el Espíritu no la eleva con la fuerza del brazo, sino que la envuelve y la penetra con una especie de atmósfera fluídica que neutraliza el efecto de la gravedad, como lo hace el aire con los globos y las cometas. Al penetrar la mesa, ese fluido le confiere momentáneamente una mayor levedad específica. Cuando la mesa se halla adherida al suelo, se produce un caso análogo al de la campana neumática bajo la cual se hizo el vacío. Estas son apenas comparaciones para mostrar la analogía de los efectos y no la semejanza absoluta de las causas.

Cuando la mesa persigue a alguien, no es el Espíritu el que corre –dado que puede permanecer tranquilamente en su lugar–, sino que impulsa a la mesa por medio de una corriente fluídica, con cuya ayuda hace que esta se mueva conforme a su voluntad.

Cuando los golpes se escuchan en la mesa o en alguna otra parte, el Espíritu no golpea con la mano o con algún objeto, sino que dirige hacia el punto de donde parte el ruido un chorro de fluido que produce el efecto de un choque eléctrico. Así también modifica el ruido, como se pueden modificar los sonidos producidos por el aire.

Según esto, se comprenderá que no es más difícil para el Espíritu *levantar una persona* que levantar una mesa, transportar un objeto de un lugar a otro o lanzarlo hacia alguna parte. Esos fenómenos se producen de acuerdo con la misma ley.

32. Por lo poco que hemos dicho, puede verse que las manifestaciones espíritas, cualquiera sea su índole, no tienen nada de sobrenatural o maravilloso. Son fenómenos que se producen en virtud de la ley que rige las relaciones del mundo visible con el mundo invisible, una ley tan natural como la de la electricidad, de la gravedad, etc. El espiritismo es la ciencia que nos da a conocer esa ley, como la mecánica nos enseña las leyes del movimiento, la óptica las de la luz, etc. Dado que pertenecen a la naturaleza, las manifestaciones espíritas se han producido en todos los tiempos. Una vez conocida, la ley que las rige nos explica una gran cantidad de problemas considerados insolubles; esta es la clave de una multitud de fenómenos que la superstición ha explotado y amplificado.

33. Apartado por completo lo maravilloso, estos fenómenos ya no contienen nada que repugne a la razón, porque vienen a ocupar su lugar junto a los otros fenómenos naturales. En las épocas de ignorancia, todos los efectos cuya causa no se conocía eran considerados sobrenaturales; no obstante, los descubrimientos de la ciencia fueron reduciendo gradualmente el círculo de lo maravilloso, al que el conocimiento de la nueva ley ha venido a aniquilar. Entonces, aquellos que acusan al espiritismo de resucitar lo maravilloso demuestran, por eso mismo, que hablan de lo que no conocen.

34. Las manifestaciones de los Espíritus son de dos naturalezas: los *efectos físicos* y las *comunicaciones inteligentes*. Los primeros son los fenómenos materiales y ostensibles, tales como movimientos, ruidos, transportes de objetos, etc.; las otras consisten en el intercambio regular de pensamientos con

la ayuda de los signos, de la palabra y, principalmente, de la escritura.

35. Las comunicaciones que recibimos de los Espíritus pueden ser buenas o malas, legítimas o falsas, profundas o intrascendentes, de conformidad con la naturaleza de los Espíritus que se manifiestan. Aquellos que dan muestras de sabiduría y erudición son Espíritus adelantados que ya han progresado; los que se muestran ignorantes y malos son Espíritus todavía atrasados, pero que han de progresar con el paso del tiempo.

Los Espíritus sólo pueden responder sobre aquello que saben, según su grado de adelanto y, aun así, dentro de los límites de lo que les está permitido decirnos, porque hay cosas que ellos no deben revelar, pues todavía no es dado a los hombres conocerlo todo.

36. De la diversidad de cualidades y aptitudes de los Espíritus resulta que no basta con que nos dirijamos a un Espíritu cualquiera para que obtengamos una respuesta legítima a todas las cuestiones, porque acerca de muchas cosas sólo puede darnos su opinión personal, que puede ser exacta o equivocada. Si es prudente, confesará su ignorancia sobre lo que no conoce; si es frívolo o mentiroso, responderá sobre cualquier cosa sin que le importe la verdad; si es orgulloso, presentará sus ideas como verdades absolutas. Por eso san Juan, el evangelista, dice: *No creáis a todos los Espíritus, sino observad si los Espíritus son de Dios.* La experiencia demuestra la sabiduría de ese consejo. Así pues, sería imprudente e irreflexivo aquel que aceptara sin comprobación todo lo que proviene de los Espíritus. Por eso es esencial que conozcamos el carácter de aquellos que están en relación con nosotros. (Véase *El libro de los médiums*, § 267.)

37. Se reconoce el carácter de los Espíritus por su lenguaje. El lenguaje de los Espíritus verdaderamente buenos y superiores es siempre digno, noble, lógico, y se halla exento de contradicciones; en él se refleja la sabiduría, la benevolencia, la modestia y la más pura moral; es conciso y carece de palabras inútiles. En el lenguaje de los Espíritus inferiores, ignorantes u orgullosos, la vaciedad de las ideas está casi siempre compensada por la abundancia de palabras. Todo pensamiento evidentemente falso, toda máxima contraria a la sana moral, todo consejo ridículo, toda expresión grosera, trivial o simplemente frívola; en suma, toda señal de malevolencia, de presunción o de arrogancia, es un indicio indudable de la inferioridad de un Espíritu.

38. Los Espíritus inferiores son más o menos ignorantes; su horizonte moral es limitado, su perspicacia se halla restringida, y acerca de las cosas sólo tienen a menudo una idea falsa e incompleta. Por otra parte, aún están bajo el dominio de los prejuicios terrenales, a los que toman a veces como verdades; por eso son incapaces de resolver ciertas cuestiones. Pueden inducirnos a error, voluntaria o involuntariamente, sobre aquello que ni ellos mismos comprenden.

39. No todos los Espíritus inferiores son esencialmente malos; algunos son apenas ignorantes y frívolos; otros son bromistas, ingeniosos y divertidos, y saben emplear la ironía sutil y mordaz. Al lado de estos se encuentran, tanto en el mundo de los Espíritus como en la Tierra, todos los géneros de perversidad y todos los grados de superioridad intelectual y moral.

40. Los Espíritus superiores sólo se ocupan de las comunicaciones inteligentes, con vistas a nuestra instrucción. Las manifestaciones físicas o puramente materiales se hallan con

más especialidad entre las atribuciones de los Espíritus inferiores, vulgarmente designados con el nombre de *Espíritus golpeadores*, del mismo modo que entre nosotros las demostraciones de fuerza son obra de los saltimbanquis y no de los sabios.

41. Las comunicaciones con los Espíritus siempre deben llevarse a cabo con calma y recogimiento; nunca hay que perder de vista que los Espíritus son las almas de los hombres, y que sería perjudicial convertir su labor en un pasatiempo o en objeto de entretenimiento. Si respetamos sus despojos mortales, mayor respeto todavía deben merecernos como Espíritus. Así pues, las reuniones frívolas, que no tienen un objetivo serio, faltan a un deber; los que participan en ellas se olvidan de que de un momento para otro pueden entrar en el mundo de los Espíritus, y que no les agradaría ser tratados con tan poca deferencia.

42. Otro punto igualmente esencial que es preciso tomar en cuenta es que los Espíritus son libres; se comunican cuando quieren, con quien les conviene e incluso cuando pueden, pues tienen sus ocupaciones. No están sujetos a las órdenes ni al capricho de ninguna persona, y nadie puede obligarlos a que se manifiesten contra su voluntad, ni a que digan lo que desean callar. Por esa razón, no se puede garantizar que un Espíritu responderá al llamado de alguien en un determinado momento, o que será obligado a responder a tal o cual pregunta. Decir lo contrario es mostrar absoluta ignorancia de los principios más elementales del espiritismo. *Sólo el charlatanismo tiene fuentes infalibles.*

43. Los Espíritus son atraídos por la simpatía, la semejanza de gustos y de caracteres, así como por la intención de

aquellos que desean su presencia. Los Espíritus superiores no van a las reuniones fútiles, del mismo modo que un sabio de la Tierra no concurriría a una reunión de jóvenes imprudentes. El simple buen sentido nos dice que eso no puede ser de otro modo. Y si acuden a esas reuniones en ciertas ocasiones, lo hacen para dar un consejo saludable, para combatir los vicios, para tratar de reconducir hacia el camino del bien a los que se hallan presentes. Con todo, si no son escuchados, se retiran. Se formaría una idea completamente falsa aquel que creyera que los Espíritus serios se complacen en responder a futilidades, a preguntas inútiles, que no dan muestras ni de simpatía ni de respeto hacia ellos, como tampoco de un auténtico deseo de instruirse, y menos aún que esos Espíritus colaboren en un espectáculo para divertir a los curiosos. Si cuando estaban vivos no lo hubieran hecho, tampoco lo harían después de su muerte.

44. La frivolidad de las reuniones da por resultado atraer a los Espíritus ligeros, que sólo buscan la ocasión para engañar y mistificar. Por la misma razón que los hombres circunspectos y serios no concurren a las asambleas ligeras, los Espíritus serios sólo se manifiestan en las reuniones serias, cuyo objetivo es la instrucción y no la curiosidad. En reuniones de esa clase los Espíritus superiores se complacen en brindar sus enseñanzas.

45. De lo que precede resulta que toda reunión espírita, para ser provechosa debe, como primera condición, ser seria y realizarse con recogimiento. Todo en ella habrá de hacerse con respeto, religiosamente y con dignidad, en caso de que se quiera obtener el concurso habitual de los Espíritus buenos. Es necesario no olvidar que si esos mismos Espíritus hubiesen asistido cuando estaban encarnados, habrían recibido de

nuestra parte todas las consideraciones a las que tienen aún más derecho después de su muerte.

46. En vano se alega la utilidad de ciertas experiencias curiosas, frívolas y divertidas para convencer a los incrédulos, pues de ese modo se llega a un resultado absolutamente contrario. El incrédulo, de por sí propenso a burlarse de las creencias más sagradas, no puede ver algo serio en aquello que es hecho a modo de broma; no es posible pedirle que respete lo que no se le presenta de un modo respetable. Por eso se retira siempre con una mala impresión de las reuniones fútiles y ligeras, donde no encuentra orden, gravedad ni recogimiento. Lo que sobre todo puede convencer al incrédulo es la prueba de la presencia de seres cuya memoria le es apreciada. Ante las palabras graves y solemnes, ante las revelaciones íntimas de esos seres, lo vemos conmoverse y palidecer. Pero así como siente respeto, veneración y afecto hacia la persona cuya alma se presenta ante él, así también lo choca y lo escandaliza verla en una asamblea irrespetuosa, en medio de mesas que danzan y de las bromas de los Espíritus frívolos. Por muy incrédulo que sea, su conciencia rechaza esa alianza de lo serio con lo frívolo, de lo religioso con lo profano. Por eso califica a esos fenómenos de charlatanismo, y a menudo sale de las reuniones menos convencido que al entrar.

Las reuniones de esa naturaleza siempre hacen más mal que bien, porque alejan de la doctrina espírita a un mayor número de personas que las que atraen hacia ella, sin contar que se prestan a la crítica de los detractores, quienes encuentran en esas reuniones fundados motivos de burla.

47. No hay ninguna razón para convertir las manifestaciones físicas en un entretenimiento. Si bien no tienen la importancia de la enseñanza filosófica, resultan útiles desde el

punto de vista de los fenómenos, porque son el alfabeto de la ciencia cuya clave han proporcionado. A pesar de que en la actualidad esas manifestaciones son menos necesarias, aún contribuyen a que algunas personas se convenzan. Pero de ningún modo excluyen el orden y los buenos modales que deben reinar en las reuniones donde se las estudia. Si siempre fuesen practicadas de una manera conveniente, convencerían con mayor facilidad y producirían, en todo sentido, resultados mucho mejores.

48. Ciertas personas se forman una idea muy falsa de las evocaciones. Algunas creen que estas consisten en hacer que los muertos salgan de la tumba con toda su lúgubre pompa. Lo poco que hemos dicho al respecto debe disipar ese error. Sólo en las novelas, en los cuentos fantásticos de fantasmas y en el teatro se ven muertos descarnados que salen del sepulcro, envueltos en mortajas y sacudiendo sus huesos. El espiritismo, que nunca ha hecho milagros, tampoco produce ese, y jamás ha pretendido revivir un cuerpo muerto. Cuando el cuerpo está en la tumba, lo está definitivamente; pero el ser espiritual, fluídico, inteligente, no ha sido depositado junto con su envoltura densa, de la cual se separó en el momento de la muerte. Una vez que se ha producido la separación, ya no queda nada en común entre ellos.

49. La crítica malévola se ha complacido en representar las comunicaciones espíritas rodeadas de las prácticas ridículas y supersticiosas de la magia y de la necromancia. Si los que hablan del espiritismo sin conocerlo se hubieran tomado el trabajo de estudiar aquello de lo que pretenden hablar, se habrían evitado los esfuerzos de la imaginación y los alegatos que sólo sirven para probar su ignorancia y su mala voluntad. Para el esclarecimiento de las personas extrañas a esta ciencia,

diremos que para comunicarse con los Espíritus no hay días, ni horas ni lugares que sean más propicios unos que otros; que para evocarlos no hacen falta fórmulas ni palabras sacramentales o cabalísticas; que no hay necesidad de preparación ni de iniciación alguna; que el empleo de cualquier signo u objeto material, ya sea para atraerlos o para rechazarlos, no produce ningún efecto, pues basta con el pensamiento; y finalmente, que los médiums reciben las comunicaciones tan simple y naturalmente como si fuesen dictadas por una persona viva, sin que salgan del estado normal. Sólo el charlatanismo podría adoptar una conducta excéntrica y añadir accesorios ridículos.

El llamamiento a los Espíritus se hace en nombre de Dios, con respeto y recogimiento. Eso es lo único que se recomienda a las personas serias que deseen entrar en relación con Espíritus serios.

Finalidad providencial de las manifestaciones espíritas

50. La finalidad providencial de las manifestaciones espíritas es convencer a los incrédulos de que no todo se acaba para el hombre con la extinción de la vida terrenal, y dar a los creyentes ideas más precisas acerca del porvenir. Los Espíritus buenos vienen a instruirnos con miras a nuestro mejoramiento y adelanto, y no para revelarnos lo que aún no debemos saber ni lo que sólo debemos aprender mediante nuestro trabajo. Si bastase con interrogar a los Espíritus para obtener la solución de todas las dificultades científicas, o para hacer descubrimientos e invenciones lucrativos, cualquier ignorante podría convertirse en sabio a un bajo costo, y el perezoso se haría rico sin trabajar, pero Dios no quiere eso. Los Espíritus

ayudan al hombre de genio por medio de la inspiración oculta, pero no lo eximen del trabajo ni de las investigaciones, a fin de no privarlo del mérito.

51. Se haría una muy falsa idea de los Espíritus aquel que los considerara auxiliares de los decidores de la buenaventura. Los Espíritus serios se niegan a ocuparse de cosas fútiles. Por su parte, los Espíritus ligeros y burlones se ocupan de todos los temas, a todo responden y predicen cuanto se desee, sin que les importe la verdad, y encuentran un maligno placer en engañar a las personas demasiado crédulas. Por eso es esencial que se conozca perfectamente la naturaleza de las preguntas que se pueden formular a los Espíritus. (Véase *El libro de los médiums*, § 286, "Preguntas que se pueden formular a los Espíritus".)

52. Fuera de aquello que pueda contribuir al progreso moral, sólo hay incertidumbre en las revelaciones que se obtienen de los Espíritus. La primera consecuencia negativa, para aquel que desvía su facultad de la finalidad providencial que ella tiene, es la de ser engañado por los Espíritus mentirosos que pululan alrededor de los hombres; la segunda, es caer bajo el dominio de esos mismos Espíritus, que mediante pérfidos consejos pueden conducirlo a desgracias verdaderas y materiales en la Tierra; la tercera es perder, después de la vida terrenal, el fruto del conocimiento del espiritismo.

53. Así pues, las manifestaciones no están destinadas a servir a los intereses materiales. Su utilidad reside en las consecuencias morales que de ellas se desprenden. No obstante, aunque sólo tuvieran como resultado dar a conocer una nueva ley de la naturaleza, demostrar materialmente la existencia del

alma y su inmortalidad, ya sería mucho, porque eso constitui-
ría un nuevo y amplio camino abierto a la filosofía.

Acerca de los médiums

54. Los médiums presentan innumerables variedades en
sus aptitudes, lo que los hace más o menos adecuados para
la obtención de tal o cual fenómeno, de tal o cual género de
comunicación. Según esas aptitudes, podemos distinguirlos en
médiums *de efectos físicos, de comunicaciones inteligentes, videntes, parlantes, auditivos, sensitivos, dibujantes, políglotas, poetas,
músicos, escribientes*, etc. No se puede esperar de un médium lo
que está fuera de los límites de su facultad. Sin el conocimiento de las aptitudes mediúmnicas, el observador es incapaz de
encontrar la explicación de ciertas dificultades o de ciertas im-
posibilidades que se encuentran en la práctica. (Véase *El libro
de los médiums*, cap. XVI, § 185.)

55. Los médiums de efectos físicos son particularmente
más aptos para provocar fenómenos materiales, como movimientos, golpes, etc., con el auxilio de mesas u otros objetos.
Cuando esos fenómenos revelan un pensamiento u obedecen
a una voluntad, son efectos inteligentes que, por eso mismo,
denotan una causa inteligente: es uno de los modos por los
cuales los Espíritus se manifiestan. Por medio de un número
convenido de golpes se obtienen las respuestas por *sí* o por *no*,
o bien la designación de las letras del alfabeto que sirven para
formar palabras o frases. Ese modo primitivo es muy lento y
no se presta a comunicaciones extensas. Las mesas parlantes
fueron el comienzo de la ciencia espírita; pero hoy, que se poseen medios de comunicación tan rápidos y completos como

los que existen entre los vivos, casi nadie recurre a ellas, a no ser accidentalmente y como experimentación.

56. De todos los medios de comunicación, la escritura es al mismo tiempo el más simple, rápido y cómodo, y el que permite comunicaciones de mayor extensión; es también la facultad que se encuentra con más frecuencia en los médiums.

57. Para obtener la escritura se emplearon, al principio, intermediarios materiales, como cestas, tablillas, etc., provistas de un lápiz. (Véase *El libro de los médiums*, cap. XIII, § 152 y siguientes.) Más tarde se reconoció la inutilidad de esos accesorios y la posibilidad de que los médiums escribieran directamente con la mano, como en las circunstancias ordinarias.

58. El médium escribe bajo la influencia de los Espíritus, que se sirven de él como de un instrumento; su mano es llevada por un movimiento involuntario que, la mayor parte de las veces, no consigue dominar. Ciertos médiums no tienen conciencia alguna de lo que escriben; otros la tienen más o menos vaga, aunque el pensamiento les sea extraño. Esto es lo que distingue a los *médiums mecánicos* de los *médiums intuitivos* o *semimecánicos*. La ciencia espírita explica el modo de transmisión del pensamiento del Espíritu al médium, así como el rol de este último en las comunicaciones. (Véase *El libro de los médiums*, cap. XV, § 179 y siguientes; cap XIX, § 223 y siguientes.)

59. El médium posee solamente la facultad de comunicarse, pues la comunicación efectiva depende de la voluntad de los Espíritus. Si estos no quieren manifestarse, el médium no obtendrá nada; es como un instrumento sin un músico que lo toque.

Como los Espíritus sólo se comunican cuando quieren o pueden, no están sujetos al capricho de nadie; *ningún médium tiene el poder de hacer que se presenten contra su voluntad.* Esto explica la intermitencia de la facultad aun en los mejores médiums, así como las interrupciones que a veces experimentan durante muchos meses.

Sería, pues, un error equiparar la mediumnidad a un *talento.* El talento se adquiere con el trabajo; quien lo posee es siempre dueño de él, mientras que el médium nunca lo es de su facultad, pues ella depende de una voluntad ajena.

60. Los médiums de efectos físicos, que obtienen con regularidad y a voluntad la producción de ciertos fenómenos –si se admite que no existe engaño–, están en relación con Espíritus de baja categoría que se complacen en ese tipo de exhibiciones, y que tal vez se dedicaron a ese oficio cuando vivían en la Tierra; pero sería absurdo suponer que Espíritus un tanto elevados se diviertan poniendo en escena esos espectáculos. (Véase, en el Capítulo I, el diálogo acerca de *Médiums y hechiceros.*)

61. La oscuridad necesaria para la producción de ciertos efectos *físicos* se presta, sin duda, a la sospecha, pero no prueba nada contra la realidad de esos fenómenos. Se sabe que en química ciertas combinaciones no se pueden producir con luz; que muchas composiciones y descomposiciones tienen lugar por la acción del fluido luminoso. Ahora bien, todos los fenómenos espíritas son el resultado de la combinación de los fluidos propios del Espíritu con los del médium. Dado que esos fluidos son materia, no es para sorprenderse que en ciertas circunstancias la presencia del fluido luminoso sea un impedimento para esa combinación.

62. Las comunicaciones inteligentes también se realizan por la acción fluídica del Espíritu sobre el médium. Es preciso que el fluido de este último se identifique con el del Espíritu. La facilidad de las comunicaciones depende del grado de *afinidad* que existe entre los dos fluidos. Así, cada médium es más o menos apto para recibir la *impresión* o el *impulso* del pensamiento de tal o cual Espíritu. Puede ser un buen instrumento para uno y pésimo para otro. De ahí resulta que si se encuentran juntos dos médiums igualmente bien dotados, el Espíritu podrá manifestarse por medio de uno y no por el otro.

63. Es, pues, un error suponer que basta con ser médium para recibir con la misma facilidad comunicaciones de cualquier Espíritu. No existen médiums universales para las evocaciones, como tampoco los hay con aptitud para producir todos los fenómenos. Los Espíritus buscan preferentemente los instrumentos que vibren al unísono con ellos. Imponerles el primer médium que tengamos a mano sería lo mismo que obligar a un pianista a que toque el violín, en la suposición de que como sabe música puede tocar cualquier instrumento.

64. Sin la armonía, que sólo puede resultar de la asimilación fluídica, las comunicaciones son imposibles, incompletas o falsas. Pueden ser falsas porque, en vez del Espíritu que se desea, no faltan otros dispuestos a aprovechar la ocasión de manifestarse, y que se preocupan poco por decir la verdad.

65. La asimilación fluídica es, algunas veces, absolutamente imposible entre ciertos Espíritus y determinados médiums. Otras veces, y es el caso más común, sólo se establece gradualmente, con el tiempo. Esto explica la mayor facilidad con que los Espíritus se manifiestan a través de un médium al que están más habituados, y también por qué las primeras comu-

nicaciones demuestran casi siempre una cierta molestia y son menos explícitas.

66. La asimilación fluídica es necesaria tanto en las comunicaciones por *tiptología* como por escritura, puesto que en ambos casos se trata de la transmisión del pensamiento del Espíritu, cualquiera sea el medio material empleado.

67. Como no se puede imponer un médium al Espíritu que se quiere evocar, conviene dejar que este elija a su instrumento. En todos los casos es necesario que el médium se identifique previamente con el Espíritu a través del recogimiento y la oración, por lo menos durante algunos minutos, e incluso muchos días antes si fuera posible, de modo de provocar y activar la asimilación fluídica. De esa manera se atenúa la dificultad.

68. Cuando las condiciones fluídicas no son propicias para la comunicación directa entre el Espíritu y el médium, esta puede establecerse por intermedio del guía espiritual de este último. En ese caso el pensamiento sólo llega de segunda mano, es decir, después de haber atravesado dos medios. Se comprende entonces la importancia de que el médium esté bien asistido, porque si lo está por un Espíritu obsesor, ignorante u orgulloso, la comunicación será forzosamente alterada.

En esto las cualidades personales del médium desempeñan inevitablemente un rol importante, por la naturaleza de los Espíritus que atrae hacia sí. Los médiums más indignos pueden tener poderosas facultades, pero los más seguros son los que añaden a ese poder las mejores simpatías en el mundo espiritual. Ahora bien, esas simpatías no están *garantizadas en modo alguno* por los nombres más o menos imponentes de los Espíritus, o por los que ellos adoptan para firmar las comunicaciones, sino por la naturaleza *constantemente buena* de las comunicaciones que se reciben.

69. Sea cual fuere el modo de comunicación, la práctica del espiritismo desde el punto de vista experimental presenta numerosas dificultades, y no está exenta de inconvenientes para quien no tiene la experiencia necesaria. Ya sea que se experimente por sí mismo o que simplemente se observen las experiencias de otros, lo esencial es saber distinguir las diferentes naturalezas de los Espíritus que pueden manifestarse, conocer la causa de todos los fenómenos, las condiciones en que se producen, los obstáculos que pueden oponerse a ellos, a fin de que no se pida lo imposible. No es menos necesario conocer todas las condiciones y todos los escollos de la mediumnidad, la influencia del ambiente, de las disposiciones morales, etc. (Véase *El libro de los médiums*, Segunda Parte.)

Escollos de los médiums

70. Uno de los mayores escollos de la mediumnidad es la *obsesión*, es decir, el dominio que ciertos Espíritus ejercen sobre los médiums, imponiéndose a ellos con nombres apócrifos e impidiendo que se comuniquen con otros Espíritus. Es también un obstáculo para el observador novato e inexperto que, por no conocer las características de ese fenómeno, puede ser engañado por las apariencias, como aquel que no conoce de medicina puede equivocarse sobre la causa y la naturaleza de un mal. Si en este caso el estudio previo resulta útil para el observador, para el médium es indispensable, porque le proporciona los medios de prevenir un inconveniente que podría tener para él funestas consecuencias. Por eso nunca

nos cansamos de recomendar el estudio antes de entregarse a la práctica. (Véase *El libro de los médiums*, cap. XXIII.)

71. La obsesión presenta tres grados principales, bien caracterizados: la *obsesión simple*, la *fascinación* y la *subyugación*. En la primera, el médium tiene plena conciencia de que no obtiene nada bueno; no se engaña acerca de la naturaleza del Espíritu que se obstina en manifestarse por su intermedio y del cual desea desembarazarse. Este caso no ofrece ninguna gravedad: se trata de una simple contrariedad, de la que el médium se libera cuando deja momentáneamente de escribir. Cansado de que no se lo escuche, el Espíritu acaba por retirarse.

La *fascinación obsesiva* es mucho más grave, porque en ese caso el médium está completamente engañado. El Espíritu que lo domina se apodera de su confianza, a tal punto que le impide juzgar las comunicaciones que recibe, y le hace creer que los mayores absurdos son sublimes.

El carácter distintivo de este género de obsesión es que provoca en el médium una excesiva susceptibilidad, que lo lleva a suponer que sólo es bueno, justo y verdadero lo que él escribe, así como a rechazar e incluso considerar malo todo consejo y toda observación crítica, a tal punto que prefiera romper con sus amigos antes de aceptar que está siendo engañado. También hace que sienta envidia hacia los médiums cuyas comunicaciones son consideradas mejores que las suyas, y que pretenda imponerse en las reuniones espíritas, de las cuales se aparta cuando no lo logra. Por último, el médium llega a sufrir una dominación tal que el Espíritu puede impulsarlo a cometer los actos más ridículos y comprometedores.

72. Uno de los caracteres distintivos de los Espíritus malos es el de imponerse: dan órdenes y quieren ser obedecidos. En

cambio, los buenos nunca se imponen: dan consejos; y si no se los escucha, se retiran. De ahí resulta que la impresión que nos causan los Espíritus malos es casi siempre penosa, agotadora, y produce una especie de malestar. A menudo provoca una agitación febril, movimientos bruscos y desordenados. Por el contrario, la impresión que causan los Espíritus buenos es apacible, suave, y proporciona un verdadero bienestar.

73. La *subyugación obsesiva*, designada en épocas pasadas con el nombre de *posesión*, es una coacción física ejercida siempre por Espíritus de la peor especie, y que puede llegar a neutralizar el libre albedrío de la persona. A menudo se limita a simples impresiones desagradables. No obstante, algunas veces provoca movimientos desordenados, actos insensatos, gritos, palabras incoherentes o injuriosas, cuya ridiculez el subyugado comprende en ocasiones, aunque no puede evitarlo. Este estado difiere esencialmente de la *locura patológica*, con la cual se lo confunde por error, pues en él no hay ninguna lesión orgánica. Dado que la causa es diferente, los medios para curarla también deben ser otros. No es raro que con la aplicación del método ordinario de las duchas y los tratamientos corporales se llegue a desencadenar una verdadera locura allí donde sólo había una causa moral.

74. En la locura propiamente dicha la causa del mal es interna, y hay que tratar de que el organismo vuelva a su estado normal. En cambio, en la *subyugación* la causa es externa, por lo que es preciso liberar al enfermo de un enemigo invisible, sin oponerle remedios, sino *una fuerza moral superior a la suya*. La experiencia prueba que en esos casos los exorcismos nunca han producido un resultado satisfactorio, sino que han agravado la situación en lugar de mejorarla. Al indicar la verdadera causa del mal, sólo el espiritismo puede

ofrecer los medios para combatirlo. Es necesario, por decirlo así, efectuar la educación moral del Espíritu obsesor. A través de consejos sabiamente dirigidos se logra tornarlo mejor y que voluntariamente deje de atormentar al enfermo, que entonces queda libre. (Véase *El libro de los médiums*, § 279; *Revista Espírita*, febrero, marzo y junio de 1864: "La joven obsesa de Marmande".)

75. Por lo general, la subyugación obsesiva es individual; pero cuando un grupo de Espíritus malos se lanza sobre una población, puede presentar un carácter epidémico. Un fenómeno de ese tipo ocurrió en tiempos de Cristo; sólo un poder moral superior podía doblegar a esos seres malignos –designados entonces con el nombre de *demonios*– y restituir la calma a sus víctimas.[4]

76. Un hecho importante a considerar es que la obsesión, sea cual fuere su naturaleza, es independiente de la mediumnidad, y que se la encuentra en todos los grados, principalmente en el último, en una gran cantidad de individuos que nunca han escuchado hablar de espiritismo. En efecto, dado que los Espíritus han existido siempre, en todas las épocas han ejercido la misma influencia. La mediumnidad no es una causa, sino un modo de manifestación de esa influencia. De ahí que podamos decir con certeza que todo médium obseso ha sufrido de alguna manera, y a menudo en los actos más comunes de la vida, los efectos de esa influencia. Y si no existiera la mediumnidad, se manifestaría por otros efectos, a me-

---

4. Una epidemia semejante hizo estragos durante varios años en una población ubicada en la Alta Saboya (Véase la *Revista Espírita*, abril y diciembre de 1862; enero, febrero, abril y mayo de 1863: "Los poseídos de Morzine"). (N. de Allan Kardec.)

nudo atribuidos a esas enfermedades misteriosas que escapan a todas las investigaciones de la medicina. A través de la mediumnidad, el ser maligno delata su presencia; sin ella, es un enemigo oculto del que no se sospecha.

77. Los que no admiten nada fuera de la materia no pueden reconocer esa causa oculta. Sin embargo, cuando la ciencia haya salido del atolladero materialista reconocerá, en la acción del mundo invisible que nos rodea y en medio del cual vivimos, un poder que reacciona tanto sobre las cosas físicas como sobre las morales. Será un nuevo camino abierto al progreso, así como la clave de una multitud de fenómenos que han sido mal comprendidos.

78. Como la obsesión nunca puede provenir de un Espíritu bueno, es esencial que sepamos reconocer la naturaleza de los que se presentan. El médium que carece de instrucción al respecto puede ser engañado por las apariencias, mientras que el prevenido está atento a las menores señales de sospecha, de modo que el Espíritu termina por retirarse cuando ve que no tiene nada que hacer. El conocimiento previo de los medios para distinguir a los Espíritus buenos de los malos es, pues, indispensable para el médium que no desea exponerse a caer en la trampa, como lo es también para el simple observador, que puede por ese medio apreciar el valor de lo que ve o escucha. (Véase *El libro de los médiums*, cap. XXIV.)

Cualidades de los médiums

79. La facultad mediúmnica depende del organismo. Es independiente de las cualidades morales del médium, y se la encuentra desarrollada tanto en los más indignos como en los

más dignos. No sucede lo mismo con la preferencia que los Espíritus buenos conceden al médium.

80. Los Espíritus buenos se comunican con mayor o menor buena voluntad a través de tal o cual médium, según la simpatía que este les inspire. Lo que constituye la cualidad de un médium no es la facilidad con la cual obtiene comunicaciones, sino su aptitud para recibir solamente las buenas y para no ser juguete de Espíritus livianos y embusteros.

81. Los médiums que más dejan que desear desde el punto de vista moral reciben algunas veces muy buenas comunicaciones, que no pueden provenir más que de Espíritus buenos. Esto no debe ser motivo de asombro, pues a menudo sucede para bien del médium y con el fin de trasmitirle sabios consejos. Si este no los aprovecha, mayor será su culpa, porque de ese modo redacta su propia condena. Dios, cuya bondad es infinita, no puede negar asistencia a aquellos que más la necesitan. El virtuoso misionero que moraliza a los criminales hace lo mismo que los Espíritus buenos con los médiums imperfectos.

Por otra parte, los Espíritus buenos, al querer impartir una enseñanza útil a todos, se sirven del instrumento que tienen a su alcance, pero lo dejan tan pronto como encuentran otro que les es más afín y que aprovecha sus lecciones. Cuando los Espíritus buenos se retiran, queda entonces el campo libre para los inferiores, a quienes poco les importan las cualidades morales, que los fastidian.

De ahí resulta que los médiums moralmente imperfectos y que no procuran enmendarse, tarde o temprano son víctimas de los Espíritus malos, que muchas veces los conducen a la ruina y a las mayores desgracias incluso en la vida terrenal. En cuanto a su facultad, tan hermosa que era, y que así debía conservarse, se pervierte debido a que los Espíritus buenos los abandonaron, y acaba por desaparecer.

82. Los médiums más meritorios no están libres de las mistificaciones de los Espíritus embusteros. En primer lugar, porque no existe una persona suficientemente perfecta que no tenga algún lado débil por el cual brinde acceso a los Espíritus malos. En segundo, porque los Espíritus buenos permiten eso, algunas veces, a fin de que ejercitemos nuestra razón, aprendamos a distinguir la verdad del error y no nos confiemos, para no aceptar nada ciegamente y sin control. No obstante, el engaño nunca procede de un Espíritu bueno, y todo nombre respetable con el que se firme un error, es necesariamente apócrifo.

Esas mistificaciones además pueden ser una prueba para la paciencia y la perseverancia del espírita, sea médium o no. El que se desanimara por algunas decepciones demostraría a los Espíritus buenos que no pueden contar con él.

83. No es asombroso ver Espíritus malos que obsesionan a personas meritorias, pues tampoco nos sorprende ver en la Tierra sujetos malvados que se ensañan con hombres de bien.

Es digno de nota que, después de la publicación de *El libro de los médiums*, la cantidad de médiums obsesos disminuyó mucho, porque al estar prevenidos se mantienen vigilantes y descubren las menores señales que pudieran denunciar la presencia de un Espíritu engañador. La mayoría de los que están obsesos no han hecho el estudio previo recomendado, o no aprovecharon los consejos que recibieron.

84. Lo que constituye al médium propiamente dicho es la facultad. En ese aspecto puede estar más o menos formado, más o menos desarrollado. Lo que constituye al médium *se-*

guro, a aquel que puede realmente ser calificado de *buen médium*, es la aplicación de la facultad, la aptitud para servir de intérprete a los Espíritus buenos. Si se deja de lado la facultad, el poder del médium para atraer a los Espíritus buenos y rechazar a los malos está en razón de su superioridad moral; esa superioridad es proporcional a la suma de las cualidades que hacen al hombre de bien. Por ella se gana la simpatía de los buenos y ejerce un ascendiente sobre los malos.

85. Por la misma razón, la suma de las imperfecciones morales del médium, al aproximarlo a la naturaleza de los Espíritus malos, le quita la influencia necesaria para apartarlos de sí. *En vez de imponerse a ellos, ellos se imponen a él.* Esto se aplica no sólo a los médiums, sino a todas las personas indistintamente, dado que no hay nadie que no esté sometido a la influencia de los Espíritus. (Véanse los §§ 74 y 75.)

86. Para imponerse al médium, los Espíritus malos saben explotar hábilmente todos sus defectos morales. Se aprovechan preferentemente del *orgullo*, sentimiento que predomina en la mayoría de los médiums obsesos, y sobre todo en los *fascinados*. El orgullo los lleva a que se consideren infalibles y a rechazar las advertencias. Ese sentimiento es, lamentablemente, excitado por los elogios de que son objeto; basta que un médium presente una facultad un tanto trascendente para que las personas lo busquen y lo adulen. Entonces acaban por considerarse importantes y juzgarse indispensables, lo que constituye su perdición.

87. Mientras que el médium imperfecto se enorgullece de los nombres ilustres –por lo general apócrifos– que ostentan las comunicaciones que recibe, y que lo llevan a que se considere un intérprete privilegiado de las potencias celestiales, el

buen médium nunca se cree suficientemente digno de semejante favor: tiene siempre una saludable desconfianza acerca de la calidad de lo que recibe, y no se fía de su propio juicio. Como no es más que un instrumento pasivo, comprende que una buena comunicación no es fruto de su mérito personal, como tampoco es responsable si lo que recibe es malo, y que sería ridículo confiar en la identidad absoluta de los Espíritus que se manifiestan a través de él. Deja que terceros desinteresados juzguen la cuestión, sin que su amor propio se ofenda por alguna opinión desfavorable, del mismo modo que un actor no sufre por la censura dirigida a la pieza que interpreta. El carácter distintivo del buen médium es la simplicidad y la modestia. Se considera feliz con la facultad que posee, no para envanecerse de ella, sino porque le ofrece un medio de ser útil, lo que hace de buen grado cuando se le da la ocasión; y nunca se molesta cuando no lo ubican en primera fila.

Como los médiums son los intermediarios e intérpretes de los Espíritus, corresponde al evocador, e incluso al simple observador, apreciar el mérito del instrumento.

88. La facultad mediúmnica es un don de Dios, como todas las otras facultades, que se puede emplear tanto para el bien como para el mal, y de la cual se puede abusar. Tiene por objeto ponernos en relación directa con las almas de los que han vivido, a fin de que recibamos sus enseñanzas y seamos iniciados en la vida futura. Así como la vista nos pone en relación con el mundo visible, la mediumnidad nos pone en relación con el mundo invisible. Aquel que se vale de ella con un fin útil, para su propio adelanto y el de sus semejantes, cumple una verdadera misión, por la que será recompensado. El que abusa de esa facultad y la emplea en cosas fútiles o para satisfacer intereses materiales, la desvía de su fin providencial,

y tarde o temprano sufrirá su castigo, como todo aquel que hace mal uso de cualquier otra facultad.

Charlatanismo

89. Ciertas manifestaciones espíritas se prestan con mucha facilidad a la imitación. Pero por el hecho de que, como tantos otros fenómenos, hayan sido explotadas por los charlatanes y los prestidigitadores, sería absurdo inferir que no existen. Quien ha estudiado y conoce las condiciones normales en que esas manifestaciones se producen, distingue fácilmente la imitación de la realidad. Por lo demás, la imitación nunca es completa y sólo engaña al ignorante, incapaz de captar los matices característicos del fenómeno auténtico.

90. Las manifestaciones que se imitan con mayor facilidad son las de algunos efectos físicos y las de efectos inteligentes comunes: movimientos, golpes, aportes, escritura directa, respuestas banales, etc., pero no ocurre lo mismo con las comunicaciones inteligentes de gran valor. Para imitar las primeras sólo hace falta destreza; mientras que para simular las otras sería preciso por lo general una instrucción poco común, una superioridad intelectual de excepción y una facultad para improvisar, por decirlo así, universal.

91. Por lo general, quienes no conocen el espiritismo son inducidos a sospechar de la buena fe de los médiums. El estudio y la experiencia les ofrecerán los medios para asegurarse de la realidad de los hechos. Fuera de eso, la mejor garantía que podrán encontrar reside en el desinterés absoluto y en la honradez del médium. Hay personas que por su posición y carácter se hallan por encima de toda sospecha. Si la tentación

del lucro puede estimular el fraude, el buen sentido dice que el charlatanismo está ausente allí donde no tiene nada que ganar. (Véase *El libro de los médiums*, cap. XXVIII, "Charlatanismo y artimañas": *Médiums interesados*, § 304 y siguientes; *Fraudes espíritas*, § 314 y siguientes; y la *Revista Espírita*, febrero de 1862: "Nuevos médiums americanos en París".)

92. Entre los adeptos del espiritismo, como en todas las cosas, se encuentran entusiastas y exaltados. Estos son, por lo general, los peores propagadores, porque se desconfía de la facilidad con que admiten todo sin un examen profundo. El espírita esclarecido rechaza el entusiasmo que enceguece, observa los fenómenos con frialdad y calma, pues de ese modo evita ser víctima de ilusiones y mistificaciones. Dejando a un lado la cuestión de la buena fe, el observador novato debe, ante todo, tomar en cuenta la seriedad del carácter de aquellos con quienes trata.

Identidad de los Espíritus

93. Puesto que entre los Espíritus se encuentran todos los defectos de la humanidad, también existen entre ellos la astucia y la mentira. Algunos no tienen el menor escrúpulo de presentarse con los nombres más respetables para inspirar mayor confianza. Por lo tanto, debemos abstenernos de creer de un modo absoluto en la autenticidad de las firmas de los Espíritus.

94. La identidad de los Espíritus es una de las grandes dificultades del espiritismo práctico. A menudo es imposible constatarla, sobre todo cuando se trata de Espíritus superiores, antiguos en relación con nuestra época. Entre aquellos

que se manifiestan, muchos no tienen nombres para nosotros, de modo que para fijar nuestras ideas pueden tomar el de algún Espíritu conocido de la misma categoría que la suya. Así, en caso de que un Espíritu se comunique con el nombre de san Pedro, por ejemplo, nada prueba que sea precisamente el apóstol de ese nombre; tanto podrá ser él como otro Espíritu del mismo orden, o alguno enviado por él.

La cuestión de la identidad es, en ese caso, absolutamente secundaria, y sería pueril atribuirle importancia. Lo que importa es la naturaleza de la enseñanza: ¿es buena o mala, digna o indigna del personaje que la firma? ¿La aceptaría san Pedro, o la desaprobaría? Esa es la cuestión.

95. La identidad se puede verificar más fácilmente cuando se trata de Espíritus contemporáneos, cuyo carácter y hábitos son conocidos, porque a través de esos hábitos y de las particularidades de la vida privada se revela la identidad con mayor certeza y, a menudo, de modo irrefutable. Cuando se evoca a un pariente o un amigo, lo que interesa es la personalidad, razón por la cual es muy natural que se busque verificar la identidad. No obstante, los medios que generalmente emplean para eso quienes sólo conocen el espiritismo de manera imperfecta son insuficientes y pueden inducir a error.

96. El Espíritu revela su identidad por un sinfín de circunstancias que llaman la atención en las comunicaciones, en las cuales se reflejan sus hábitos, su carácter, su lenguaje, y hasta las locuciones que le son familiares. La identidad se revela además en los detalles íntimos que el Espíritu comparte *espontáneamente* con las personas que ama. Esas son las mejores pruebas. Con todo, es muy raro que un Espíritu satisfaga las preguntas directas que se le hagan al respecto, sobre todo si las formulan personas que le son indiferentes, movidas por

la curiosidad o para obtener pruebas. El Espíritu demuestra
su identidad como quiere, o como puede, de acuerdo con el
tipo de facultad de su intérprete, y a menudo esas pruebas son
abundantes. El error consiste en querer que las dé como lo
desea el evocador, porque entonces el Espíritu se niega a someterse a esas exigencias. (Véase *El libro de los médiums*, cap.
XXIV: "Identidad de los Espíritus"; *Revista Espírita*, marzo de
1862: "Carrière - Constatación de identidad".)

Contradicciones

97. Las contradicciones que con bastante frecuencia se
advierten en el lenguaje de los Espíritus sólo sorprenden a
aquellos que tienen un conocimiento incompleto de la ciencia espírita. Son consecuencia de la naturaleza misma de los
Espíritus que, como hemos dicho, saben acerca de las cosas
en la medida de su adelanto, e incluso muchos pueden saber
menos que ciertos hombres. Sobre una gran cantidad de puntos apenas pueden emitir su opinión personal, que puede ser
más o menos acertada, y conservar un reflejo de los prejuicios
terrestres de los que aún no se han despojado. Otros elaboran
sus propios sistemas acerca de lo que aún no conocen, particularmente en lo que respecta a las cuestiones científicas y
al origen de las cosas. Nada hay de sorprendente, pues, en el
hecho de que no siempre estén de acuerdo.

98. Hay quienes se asombran de encontrar comunicaciones contradictorias firmadas con un mismo nombre. Sólo los
Espíritus inferiores varían el lenguaje según las circunstancias,
mientras que los Espíritus superiores jamás se contradicen.
Por poco que se esté iniciado en los misterios del mundo espi-

ritual, se sabe con qué facilidad ciertos Espíritus se engalanan con nombres prestados, para dar más crédito a sus palabras. De ahí se puede inferir con seguridad que si dos comunicaciones, radicalmente contradictorias *en cuanto al fondo del pensamiento*, llevan el mismo nombre respetable, una de ellas es forzosamente apócrifa.

99. Dos medios pueden servir para determinar las ideas sobre las cuestiones dudosas: el primero es someter todas las comunicaciones al control severo de la razón, del buen sentido y de la lógica. Esta es una recomendación que hacen todos los Espíritus buenos, y de la que se abstienen los Espíritus embusteros, pues saben muy bien que con ese examen serio sólo habrán de perder. Por eso evitan la discusión y pretenden que se les crea sólo por su palabra.

El segundo criterio de la verdad radica en la concordancia de la enseñanza. Cuando el mismo principio es enseñado en muchos lugares por diferentes Espíritus y por médiums extraños unos a otros, que no se encuentran bajo las mismas influencias, se puede concluir que ese principio se halla más cercano a la verdad que aquel que emana de una sola fuente y es discutido por la mayoría. (Véase *El libro de los médiums*, cap. XXVII: "Contradicciones y mistificaciones"; *Revista Espírita*, abril de 1864: "Autoridad de la doctrina espírita"; *El Evangelio según el espiritismo*, "Introducción".)

Consecuencias del espiritismo

100. Ante la incertidumbre acerca de las revelaciones que hacen los Espíritus, algunos se preguntan para qué sirve el estudio del espiritismo.

Sirve para demostrar materialmente la existencia del mundo espiritual.

Dado que el mundo espiritual está constituido por las almas de los que vivieron, de ahí resulta la prueba de la existencia del alma y de su supervivencia al cuerpo.

Las almas que se manifiestan revelan sus alegrías o sus padecimientos según el modo en que han empleado la vida terrenal. De ahí resulta la prueba de las penas y las recompensas futuras.

Las almas o Espíritus, al describir su estado y su situación, rectifican las ideas falsas que teníamos acerca de la vida futura, y principalmente sobre la naturaleza y la duración de las penas.

Como de ese modo la vida futura pasa del estado de teoría vaga e incierta al de hecho comprobado y positivo, de ahí resulta la necesidad de trabajar tanto como sea posible durante la vida presente, que es de corta duración, en beneficio de la vida futura, que es ilimitada.

Supongamos que un hombre de veinte años tenga la certeza de que morirá a los veinticinco: ¿qué hará durante esos cinco años que le quedan? ¿Trabajará para el porvenir? Por cierto que no. Tratará de gozar lo más posible, convencido de que es una tontería someterse a fatigas y privaciones sin beneficio alguno. En cambio, si tiene la certeza de que vivirá hasta los ochenta años, procederá de un modo completamente distinto, porque entonces comprenderá la necesidad de sacrificar algunos instantes del reposo del presente para garantizarse el reposo futuro durante largos años. Lo mismo sucede con aquel que tiene la certeza de la vida futura.

La duda en relación con la vida futura conduce naturalmente a sacrificarlo todo a favor de los goces del presente;

de ahí la excesiva importancia que se concede a los bienes materiales.

La importancia que se concede a los bienes materiales excita la codicia, la envidia y los celos del que tiene poco hacia aquel que tiene mucho. De la codicia al deseo de adquirir a cualquier precio lo que tiene el vecino no hay más que un paso. De ahí los odios, las querellas, los procesos, las guerras y todos los males engendrados por el egoísmo.

Con la duda acerca del porvenir, el hombre, abrumado en esta vida por el pesar y el infortunio, sólo ve en la muerte el término de sus padecimientos. Y como no espera nada más, le parece racional abreviar sus días mediante el suicidio.

Sin esperanza en el porvenir, es natural que el hombre se aflija y se desespere ante las decepciones que experimenta. Las conmociones violentas que padece repercuten en su cerebro, y son la causa de la mayoría de los casos de locura.

Sin la vida futura, la vida presente se convierte para el hombre en algo fundamental, en el único objeto de sus preocupaciones, al cual subordina todo. Por eso quiere gozar a cualquier precio, no sólo de los bienes materiales, sino también de los honores. Aspira a brillar, a elevarse por encima de los otros, a eclipsar a sus vecinos con su prosperidad y su posición. De ahí se sigue la ambición desordenada y la importancia que atribuye a los títulos y a todas las futilidades de la vanidad, por las cuales es capaz de sacrificar hasta su propia honra, dado que no ve nada más allá.

En cambio, la certeza de la vida futura y de sus consecuencias modifica por completo el orden de las ideas y hace ver las cosas desde otro punto de vista. Es un velo que se levanta y deja al descubierto un inmenso y espléndido horizonte. Ante la infinitud y la magnificencia de la vida de ultratumba, la vida terrenal se esfuma como un segundo en el transcurso de los siglos, o como el grano de arena frente a la montaña. Todo se vuelve pequeño, mezquino, y quedamos sorprendidos de haber dado importancia a cosas tan efímeras y pueriles. De ahí resultan una calma, una tranquilidad ante los acontecimientos de la vida, que de por sí constituyen una dicha cuando se las compara con las fatigas y los tormentos a los que nos aferramos, con la mala sangre que nos hacemos para elevarnos por encima de los otros. De ahí resulta también una indiferencia que, ante las vicisitudes y las decepciones, aleja todo motivo de desesperación, impide la mayoría de los casos de locura y desvía forzosamente la idea del suicidio. Con la certeza del porvenir, el hombre aguarda y se resigna. Con la duda, pierde la paciencia, porque no espera nada del presente.

Como el ejemplo de aquellos que han vivido prueba que la suma de la felicidad futura depende del progreso moral alcanzado y del bien que se hizo en la Tierra; y que la suma de las desdichas es proporcional a la suma de los vicios y de las malas acciones, de ahí resulta, en aquellos que están perfectamente convencidos de esa verdad, una tendencia natural a hacer el bien y evitar el mal.

Cuando la mayoría de los hombres se haya imbuido de esa idea, profese esos principios y practique el bien, de ahí resultará que el bien triunfará sobre el mal en este mundo; que los hombres ya no se causarán daño mutuamente; que regularán sus instituciones sociales con miras al bien de todos y no al provecho de unos pocos; en una palabra, comprenderán que la ley de caridad enseñada por el Cristo es el origen de la felicidad, incluso en este mundo, y basarán las leyes civiles en esa ley de caridad.

La comprobación de la existencia del mundo espiritual que nos rodea y de su acción sobre el mundo corporal es la revelación de una de las fuerzas de la naturaleza y, por consiguiente, la clave de una gran cantidad de fenómenos que no se comprenden, tanto en el orden físico como en el moral.

Cuando la ciencia tome en cuenta esa nueva fuerza, que hasta hoy desconoce, rectificará una cantidad de errores debidos a que atribuye todo a una causa única: la materia. El reconocimiento de esa nueva causa en los fenómenos de la naturaleza será una palanca para el progreso y producirá el efecto del descubrimiento de un agente completamente nuevo. Con la ayuda de la ley espírita, el horizonte de la ciencia se ampliará, como se ha ampliado con la ayuda de la ley de la gravitación.

Cuando los científicos proclamen desde lo alto de sus cátedras la existencia del mundo espiritual y su acción en los fenómenos de la vida, ellos infiltrarán en la juventud el antídoto para las ideas materialistas, en vez de predisponerla a la negación del porvenir.

En las lecciones de filosofía clásica, los profesores enseñan la existencia del alma y sus atributos según las diversas escuelas, aunque sin presentar pruebas materiales. ¿No es extraño que, cuando llegan esas pruebas, esos mismos profesores las rechacen y las clasifiquen como supersticiones? ¿No es como si dijeran a sus discípulos: "Nosotros os enseñamos la existencia del alma, pero nada lo prueba"? Cuando el científico elabora una hipótesis sobre un punto de la ciencia, investiga con empeño y recibe con alegría los hechos que puedan demostrar la veracidad de esa hipótesis. ¿Cómo es posible, pues, que un profesor de filosofía, cuyo deber es probar a sus discípulos que tienen un alma, trate con desprecio los medios que le permitirían ofrecerles una demostración patente?

101. Así pues, supongamos que los Espíritus sean incapaces de enseñarnos algo que no sepamos, o que no podamos saber por nosotros mismos. Es obvio que la sola demostración de la existencia del mundo espiritual conduce forzosamente a una revolución en las ideas. Ahora bien, una revolución en las ideas conduce forzosamente a una revolución en el orden de las cosas. Esa es la revolución que prepara el espiritismo.

102. Con todo, los Espíritus hacen más que eso. Si sus revelaciones están rodeadas de ciertas dificultades, y si demandan minuciosas precauciones para la comprobación de su exactitud, no es menos verdadero que los Espíritus esclarecidos, cuando sabemos interrogarlos y cuando les está permitido, pueden revelarnos hechos ignorados, darnos la explicación de cosas que no comprendemos, y encaminarnos hacia un progreso más rápido. En esto, sobre todo, el estudio completo y atento de la ciencia espírita es indispensable, a fin de que le pidamos sólo lo que puede dar, y del modo por el cual puede hacerlo. Cuando sobrepasamos esos límites, nos exponemos a ser engañados.

103. Las mínimas causas pueden producir grandes efectos. Así como de un diminuto grano puede brotar un árbol inmenso; así como la caída de una manzana llevó al descubrimiento de la ley que rige los mundos, y así como las ranas que saltaban en un plato revelaron la fuerza galvánica, así también del fenómeno vulgar de las mesas giratorias ha salido la prueba de la existencia del mundo invisible, y de esta prueba resultó una doctrina que en pocos años ha dado la vuelta al mundo

y puede regenerarlo por la sola constatación de la realidad de la vida futura.

104. El espiritismo enseña pocas verdades absolutamente nuevas, o tal vez ninguna, en virtud del axioma según el cual no hay nada nuevo bajo el Sol. Sólo las verdades eternas son absolutas. Las que enseña el espiritismo, como están fundadas en las leyes de la naturaleza, han existido en todos los tiempos. Por eso en todas las épocas se encuentran sus gérmenes, que un estudio más completo y observaciones más atentas han desarrollado. De ese modo, las verdades enseñadas por el espiritismo son más bien consecuencias que descubrimientos.

El espiritismo no ha descubierto ni inventado a los Espíritus, como tampoco ha descubierto el mundo espiritual, en el cual el hombre creyó siempre. Solamente prueba su existencia con hechos materiales y lo presenta en su verdadero aspecto, despojándolo de los prejuicios y las ideas supersticiosas, que engendran la duda y la incredulidad.

Observación. Estas explicaciones, por más incompletas que sean, alcanzan para mostrar la base en la que se funda el espiritismo, el carácter de las manifestaciones de los Espíritus y el grado de confianza que pueden inspirar según las circunstancias.

CAPÍTULO III

Solución de algunos problemas a través de la doctrina espírita

Pluralidad de los mundos

105. *Los diferentes mundos que circulan en el espacio, ¿están habitados como la Tierra?*

Todos los Espíritus lo afirman, y la razón dice que así debe ser. La Tierra no ocupa en el universo ningún lugar especial, ni por su posición ni por su volumen, y nada justificaría el privilegio exclusivo de estar habitada. Por otra parte, Dios no habría creado miles de millones de globos con la única finalidad de recrear nuestra vista; tanto más cuanto que el mayor número de ellos se halla fuera de nuestro alcance. (Véase *El libro de los Espíritus*, § 55; *Revista Espírita*, marzo de 1858: "Pluralidad de los mundos", y *Pluralidad de los mundos habitados*, por Flammarion.)

106. *Si los mundos están poblados, ¿serán sus habitantes en todo semejantes a los de la Tierra? En una palabra, ¿podrían ellos vivir entre nosotros y nosotros entre ellos?*

La forma general podría ser más o menos la misma, pero el organismo debe hallarse adaptado al medio en el cual tiene que vivir, como los peces están hechos para vivir en el agua y las aves en el aire. Si el medio es diferente –como todo lleva a suponerlo y como parecen demostrarlo las observaciones astronómicas–, la organización también debe ser diferente. Así pues, no es probable que en su estado normal puedan vivir los unos en los mundos de los otros con los mismos cuerpos. Es lo que confirman todos los Espíritus.

107. Si se admite que esos mundos se encuentran poblados, ¿están en la misma posición de la Tierra, desde el punto de vista intelectual y moral?

Según la enseñanza de los Espíritus, los mundos se encuentran en grados de adelanto muy diferentes. Algunos están en el mismo punto que la Tierra; otros son más atrasados y en ellos los hombres son aún más toscos, más materiales y más propensos al mal. Otros, por el contrario, son más adelantados moral, intelectual y físicamente; en ellos el mal moral no se conoce; las artes y las ciencias han alcanzado un grado de perfección que escapa a nuestra comprensión; la organización física, menos material, no está sujeta a los padecimientos, las molestias ni las enfermedades; los hombres viven en paz, sin tratar de perjudicarse unos a otros, y están exentos de los pesares, las preocupaciones, las aflicciones y las necesidades que los asedian en la Tierra. Por último, hay mundos más adelantados aún, donde la envoltura corporal, casi fluídica, se aproxima cada vez más a la naturaleza de los ángeles. En la serie progresiva de los mundos, la Tierra no ocupa el primero ni el último lugar, aunque es uno de los más materiales y atrasados. (Véase *Revista Espírita*, marzo de 1858: "Júpiter y algunos otros mundos"; Ídem, abril de 1858: "Descripción de Júpiter"; Ídem, agosto de 1858: "Las viviendas del planeta Júpiter"; Ídem, octubre de 1860: "Júpiter"; *El Evangelio según el espiritismo*, cap. III.)

Acerca del alma

108. *¿Cuál es la sede del alma?*

El alma no está, como generalmente se cree, localizada en una parte específica del cuerpo. Forma junto con el periespíritu un todo fluídico, penetrable, que se asimila por completo al cuerpo, con el cual constituye un ser complejo, cuya muerte, en cierto modo, no es más que un *desdoblamiento*. Podemos imaginar dos cuerpos semejantes, uno penetrado por el otro, confundidos durante la vida y separados después de la muerte. Con la muerte, uno de ellos es destruido y el otro permanece.

Durante la vida, el alma obra más especialmente sobre los órganos del pensamiento y del sentimiento. Es al mismo tiempo interna y externa; es decir, que irradia hacia el exterior. Puede incluso aislarse del cuerpo, transportarse lejos de él y manifestar ahí su presencia, como lo prueban la observación y los fenómenos sonambúlicos.

109. *El alma, ¿es creada al mismo tiempo que el cuerpo, o con anterioridad a él?*

Después de la cuestión de la existencia del alma, esta es una de las principales, porque de su solución derivan las más importantes consecuencias. Es la única clave capaz de explicar una multitud de problemas que hasta hoy no han tenido solución, porque no había sido planteada.

Una de dos: o el alma existía, o no existía antes de la formación del cuerpo. No puede haber término medio. Con la preexistencia del alma todo se explica lógica y naturalmente. Sin la preexistencia, nos detenemos a cada paso. Sin la preexistencia, es incluso imposible justificar ciertos dogmas de la Iglesia, y la imposibilidad de esa justificación es lo que ha llevado a la incredulidad a tantas personas que razonan. Los Espíritus han resuelto la cuestión afirmativamente, y los hechos, así como la lógica, no dejan dudas a ese respecto. Con todo, si se admitiera la preexistencia del alma –aunque más no fuera a título de simple hipótesis, si se quiere– habríamos resuelto la mayoría de las dificultades.

110. *Si el alma es anterior al cuerpo, antes de su unión con este, ¿tenía individualidad y conciencia de sí misma?*

Sin individualidad y sin conciencia de sí misma, los resultados serían los mismos que si no existiese.

111. *Antes de su unión con el cuerpo, ¿el alma ya había realizado algún progreso, o permanecía estacionaria?*

El progreso anterior del alma es, al mismo tiempo, demostrado por la observación de los hechos y por la enseñanza de los Espíritus.

112. *¿Creó Dios iguales a las almas, moral e intelectualmente, o hizo a unas más perfectas e inteligentes que a otras?*

Si Dios hubiese hecho a unas almas más perfectas que a otras, esa preferencia no sería compatible con su justicia. Si todas las criaturas son obra suya, ¿por qué Él dispensaría del trabajo a algunas de ellas, cuando lo impone a las otras para que alcancen la dicha eterna? La desigualdad de las almas en su origen sería la negación de la justicia de Dios.

113. *Si las almas son creadas iguales, ¿cómo se explica la diversidad de aptitudes y predisposiciones naturales que existe entre los hombres en la Tierra?*

Esa diversidad es la consecuencia del progreso que ha hecho el alma antes de su unión con el cuerpo. Las almas más adelantadas en inteligencia y moralidad son las que han vivido más y más han progresado antes de su encarnación.

114. *¿Cuál es el estado del alma en su origen?*

Las almas son creadas simples e ignorantes, es decir, sin ciencia y sin conocimiento del bien y del mal, pero con la misma aptitud para todo. Al principio se encuentran en una especie de infancia, sin voluntad propia y sin conciencia plena de su existencia. Poco a poco el libre albedrío se desarrolla, al mismo tiempo que las ideas. (Véase *El libro de los Espíritus*, § 114 y siguientes.)

115. *¿El alma ha realizado ese progreso con anterioridad al estado de alma propiamente dicho, o en una existencia corporal precedente?*

Además de la enseñanza de los Espíritus sobre ese punto, el estudio de los diferentes grados de adelanto del hombre en la Tierra demuestra que el progreso anterior del alma ha debido realizarse en una serie de existencias corporales más o menos numerosas, según el grado al que esta ha llegado. La prueba de eso radica en la observación de los hechos que a diario están ante nuestra vista. (Véase *El libro de los Espíritus*, §§166 a 222; *Revista Espírita*, abril de 1862.)

El hombre durante la vida terrenal

116. *¿Cómo y en qué momento se produce la unión del alma con el cuerpo?*

Desde la concepción, aunque esté errante, el Espíritu queda ligado por un lazo fluídico al cuerpo con el cual se debe unir. Este lazo se acorta cada vez más a medida que el cuerpo se desarrolla. Desde ese momento, el Espíritu es presa de una turbación que aumenta sin cesar. Cuando el nacimiento está cerca, la turbación es completa, el Espíritu pierde la conciencia de sí mismo y sólo gradualmente recobra las ideas, a partir del momento en que el niño comienza a respirar. La unión es entonces completa y definitiva.

117. *¿Cuál es el estado intelectual del alma del niño en el momento de nacer?*

Su estado intelectual y moral es el que tenía antes de su unión con el cuerpo, es decir, que el alma posee todas las ideas adquiridas anteriormente; pero debido a la turbación que acompaña ese cambio, sus ideas se encuentran momentáneamente en estado latente. Se aclaran poco a poco, pero sólo pueden manifestarse en forma proporcional al desarrollo de los órganos.

118. *¿Cuál es el origen de las ideas innatas, de las disposiciones precoces, de las aptitudes instintivas hacia un arte o una ciencia, prescindiendo de toda instrucción?*

Las ideas innatas no pueden tener más que dos fuentes: la creación de almas más perfectas unas que otras, en caso de que fueran creadas al mismo tiempo que el cuerpo, o un progreso anterior realizado por ellas antes de la unión con el cuerpo. Puesto que la primera hipótesis no es compatible con la justicia de Dios, sólo queda la segunda. Las ideas innatas son el resultado de los conocimientos adquiridos en las existencias anteriores y que han permanecido en estado de intuición, para servir de base a la adquisición de nuevas ideas.

119. *¿De qué modo se revelan los genios en las clases sociales completamente privadas de la cultura intelectual?*

Este hecho demuestra que las ideas innatas son independientes del medio en que el hombre ha sido educado. El ambiente y la educación desarrollan las ideas innatas, *pero no pueden darlas*. El hombre de genio es la encarnación de un Espíritu adelantado que ya había progresado bastante. Por eso la educación puede proporcionar la instrucción que falta, pero no puede dar el genio, cuando éste no existe.

120. *¿Por qué hay niños instintivamente buenos en un medio perverso, a pesar de los malos ejemplos que reciben, mientras que otros son instintivamente viciosos en un medio propicio, a pesar de los buenos consejos que se les brindan?*

Esto es el resultado del progreso moral alcanzado, así como las ideas innatas son el resultado del progreso intelectual.

121. *¿Por qué de dos niños que son hijos del mismo padre, educados en las mismas condiciones, uno es inteligente y el otro es estúpido, uno es bueno y el otro es malo? ¿Por qué el hijo de un hombre de genio es algunas veces un tonto, y el hijo de un tonto es un hombre de genio?*

Ese hecho viene en apoyo del origen de las ideas innatas. Además, prueba que el alma del hijo no procede en modo alguno del alma de los padres. De otro modo, en virtud del axioma según el cual la parte es de la misma naturaleza que el todo, los padres transmitirían a los hijos sus propias cualidades y defectos, así como les transmiten el principio de las cualidades corporales. En la generación, solamente el cuerpo procede del cuerpo, pero las almas son independientes unas de otras.

122. *Si las almas son independientes unas de otras, ¿de dónde proviene el amor de los padres hacia sus hijos, y de estos hacia aquellos?*

Los Espíritus se unen por simpatía, y el nacimiento en tal o cual familia no es un efecto de la casualidad, sino que depende la mayoría de las veces de la elección realizada por el Espíritu, que se reúne con aquellos a quienes amó en el mundo de los Espíritus o en existencias anteriores. Por otra parte, los padres tienen la misión de contribuir al progreso de los Espíritus que encarnan como sus hijos; y para estimularlos a que la cumplan, Dios les inspira un afecto mutuo, aunque muchos faltan a esa misión y son castigados. (Véase *El libro de los Espíritus*, § 379, "Acerca de la infancia".)

123. *¿Por qué hay malos padres y malos hijos?*

Son Espíritus que no se han reunido en la misma familia por simpatía, sino con el fin de servirse mutuamente como instrumentos de prueba, y muchas veces como castigo de lo que han sido en una existencia anterior. A uno se le ha dado un mal hijo, porque tal vez él mismo haya sido un mal hijo; a otro, un mal padre, porque también él lo habrá sido, a fin de que sufran la pena del talión. (Véase la *Revista Espírita*, septiembre de 1861: "La pena del talión".)

124. *¿Por qué encontramos en ciertas personas, nacidas en una condición servil, instintos de dignidad y grandeza, mientras que otras nacidas en clases superiores presentan instintos de bajeza?*

Es un recuerdo intuitivo de la posición social que habían ocupado, y del carácter que tenían en la existencia precedente.

125. *¿Cuál es la causa de las simpatías y las antipatías que surgen entre personas que se ven por primera vez?*

Muy a menudo se trata de personas que se han conocido, y algunas veces amado, en una existencia anterior, y que al volver a encontrarse se atraen mutuamente.

Las antipatías instintivas provienen también, muchas veces, de relaciones anteriores.

Esos dos sentimientos pueden, además, tener otra causa. El periespíritu irradia alrededor del cuerpo una especie de atmósfera impregnada de las cualidades buenas o malas del Espíritu encarnado. Dos personas que se encuentran experimentan, por el contacto de los fluidos, la impresión de la sensitiva. Esa impresión puede ser agradable o desagradable. Los fluidos tienden a confundirse o a rechazarse, según su naturaleza semejante o desemejante.

De ese modo se puede explicar el fenómeno de la transmisión del pensamiento. Por el contacto de los fluidos, dos almas leen, por así decirlo, la una en la otra. Se adivinan y se comprenden sin haber hablado.

126. *¿Por qué el hombre no conserva el recuerdo de sus existencias anteriores? Ese recuerdo, ¿no le sería necesario para su progreso futuro?*

(Véase el párrafo que trata acerca del "Olvido del pasado", cap. I.)

127. *¿Cuál es el origen del sentimiento al que denominamos conciencia?*

Es un recuerdo intuitivo del progreso realizado en las existencias precedentes, así como de las resoluciones que el Espíritu tomó antes de encarnar, resoluciones para cuyo cumplimiento no siempre tiene fuerza como hombre.

128. *¿Tiene el hombre libre albedrío, o está sometido a la fatalidad?*

Si la conducta del hombre estuviera sujeta a la fatalidad, no habría para él ni responsabilidad del mal ni mérito por el bien que practica. Por consiguiente, todo castigo sería una injusticia; y toda recompensa, un absurdo. El libre albedrío del hombre es una consecuencia de la justicia de Dios, es el atributo que le confiere dignidad y lo eleva por encima de las demás criaturas. Eso es tan cierto, que la estima de los hombres entre sí depende del libre albedrío: al que lo pierde accidentalmente, sea por enfermedad, locura, embriaguez o idiotismo, se le tiene lástima o se lo desprecia.

El materialista, que hace depender del organismo todas las facultades morales e intelectuales, reduce al hombre a la condición de máquina, sin libre albedrío y, por consiguiente, sin responsabilidad del mal y sin mérito del bien que practica. (Véase la *Revista Espírita*, marzo de 1861: "La cabeza de Garibaldi"; Ídem, abril de 1862: "Frenología espiritualista y espírita".)

129. *¿Creó Dios el mal?*

Dios no creó el mal. Estableció leyes, y esas leyes siempre son buenas, porque Él es soberanamente bueno. Aquel que las observase con fidelidad sería completamente feliz. Pero los Espíritus, en virtud de su libre albedrío, no siempre las han observado, de modo que para ellos el mal resulta de la infracción a esas leyes.

130. *El hombre, ¿nace bueno o malo?*

Es necesario que hagamos una distinción entre el alma y el hombre. El alma es creada simple e ignorante, es decir, ni buena ni mala, pero susceptible, en virtud de su libre albedrío, de seguir el camino del bien o el del mal. Dicho de otro modo, de observar o infringir las leyes de Dios. El hombre nace bueno o malo según sea la encarnación de un Espíritu adelantado o atrasado.

131. *¿Cuál es el origen del bien y del mal en la Tierra, y por qué hay en ella mayor suma de mal que de bien?*

El origen del mal en la Tierra proviene de la imperfección de los Espíritus que en ella están encarnados; mientras que el predominio del mal se debe a que, dado que la Tierra es un mundo inferior, la mayoría de los Espíritus que habitan en ella son inferiores o han progresado poco. En los mundos más adelantados, donde sólo pueden encarnar Espíritus purificados, el mal no se conoce o está en minoría.

132. *¿Cuál es la causa de los males que afligen a la humanidad?*

La Tierra puede ser considerada al mismo tiempo como un mundo de educación para Espíritus poco adelantados, y de expiación para Espíritus culpables. Los males de la humanidad son la consecuencia de la inferioridad moral de la mayoría de los Espíritus encarnados. Mediante el contacto de sus vicios se hacen desdichados recíprocamente y se castigan unos a otros.

133. *¿Por qué a menudo el malo prospera, mientras que el hombre de bien es el blanco de todas las aflicciones?*

Para quien no ve más que la vida presente, y supone que es la única, eso debe parecerle una flagrante injusticia. No ocurre lo mismo cuando se considera la pluralidad de las existencias y la brevedad de cada una de ellas en relación con la eternidad. El estudio del espiritismo demuestra que la prosperidad del malo tiene terribles consecuencias en las vidas siguientes; que a las aflicciones del hombre de bien, por el contrario, les sigue una felicidad tanto más intensa y duradera cuanto mayor haya sido la resignación con que las soportó; para él no son más que un mal día en toda una existencia de prosperidad.

134. *¿Por qué hay personas que nacen en la indigencia y otras en la opulencia? ¿Por qué algunas nacen ciegas, sordas, mudas o afectadas por enfermedades incurables, mientras que otras poseen todas las ventajas físicas? ¿Se trata de un efecto del acaso o de la Providencia?*

Si fuera un efecto del acaso, la Providencia no existiría. Pero si es un efecto de la Providencia, nos preguntamos: ¿dónde están su bondad y su justicia? Ahora bien, debido a que no se comprende la causa de esos males, muchos se atreven a acusar a Dios. Es lógico que quien padece la miseria o la enfermedad debido a sus imprudencias o excesos sea castigado por donde pecó; pero si *el alma es creada al mismo tiempo que el cuerpo*, ¿qué hizo para merecer semejantes aflicciones *desde su nacimiento*, o para quedar exenta de ellas? Si admitimos la justicia de Dios, tampoco podemos dejar de admitir que ese efecto tiene una causa; y si esa causa no se encuentra en la vida presente, debe ser anterior a ella. Porque en todas las cosas *la causa debe preceder al efecto*. Por consiguiente, es necesario que el alma haya vivido antes para que merezca una expiación. En efecto, los estudios espíritas nos muestran que más de un hombre nacido en la miseria había sido rico y apreciado en una existencia anterior, en la cual hizo mal uso de la fortuna que Dios le confió para que la administre; que más de uno nacido en la abyección había sido orgulloso y prepotente, y que abusó de su poder para oprimir a los débiles. Esos estudios nos lo muestran, en ocasiones, sometido a las órdenes de aquellos a quienes se impuso con dureza, y expuesto a los malos tratos y a la misma humillación que hizo sufrir a los demás.

Una vida penosa no siempre es una expiación. A menudo constituye una prueba escogida por el Espíritu, que ve en ella un medio de adelantar más rápidamente si la soporta con valor. La riqueza es también una prueba, pero mucho más peligrosa que la miseria, por las tentaciones que genera y por los abusos que provoca. Por eso, el ejemplo de los que han vivido demuestra que se trata de una de esas pruebas de las que pocas veces se sale victorioso.

Las diferencias sociales –cuando no resultan de la conducta actual– serían la mayor de las injusticias si no tuvieran una compensación. La convicción que adquirimos de esa verdad, a través del espiritismo, nos da fuerza para que soportemos las vicisitudes de la vida y aceptemos nuestra suerte sin envidiar la de los otros.

135. *¿Por qué hay idiotas y cretinos?*

Según la hipótesis de la existencia única, la situación de los idiotas y de los cretinos sería la menos conciliable con la justicia de Dios. Por más miserable que sea la condición en la que un hombre sano ha nacido, podrá salir de ella mediante la inteligencia y el trabajo; pero el idiota y el cretino están destinados, desde el nacimiento hasta la muerte, al embrutecimiento y al desprecio. Para ellos no hay compensación posible. Así pues, ¿por qué razón su alma tendría que haber sido creada idiota?

Los estudios espíritas realizados acerca de los cretinos y los idiotas demuestran que sus almas son tan inteligentes como las de los otros hombres; que esa enfermedad es una expiación infligida a los Espíritus que abusaron de la inteligencia, y que sufren cruelmente al sentirse aprisionados por los lazos que no pueden romper, así como por el desprecio del que son objeto, cuando tal vez han sido adulados en una existencia precedente. (Véase la *Revista Espírita*, junio de 1860: "El Espíritu de un idiota"; Ídem, octubre de 1861: "Los cretinos".)

136. ¿Cuál es el estado del alma durante el sueño?

Durante el sueño solamente el cuerpo reposa, porque el Espíritu no duerme. Las observaciones prácticas demuestran que en ese estado el Espíritu goza de toda la libertad y de la plenitud de sus facultades; aprovecha el reposo del cuerpo, y los momentos en que este prescinde de su presencia, para obrar por separado e ir a donde quiere. Durante la vida, sea cual fuere la distancia a la que se transporte, el Espíritu siempre permanece unido al cuerpo por un lazo fluídico, que sirve para llamarlo tan pronto como su presencia resulte necesaria. Este lazo sólo se rompe con la muerte.

137. ¿Cuál es la causa de los sueños?

Los sueños son el resultado de la libertad del Espíritu durante el dormir. En algunas ocasiones son el recuerdo de los lugares y de las personas que el Espíritu vio o visitó en ese estado. (Véase *El libro de los Espíritus*: "Emancipación del alma": *el dormir y los sueños, sonambulismo, doble vista, letargia*, etc. § 400 y siguientes; *El libro de los médiums*: "Evocación de personas vivas", § 284; *Revista Espírita*, enero de 1860: "El Espíritu en un lado, el cuerpo en otro"; Ídem, marzo de 1860: "Estudio sobre el Espíritu de personas vivas".)

138. ¿De dónde provienen los presentimientos?

Son recuerdos imprecisos e intuitivos de lo que el Espíritu aprendió en sus momentos de libertad, y algunas veces se trata de avisos ocultos dados por Espíritus benévolos.

139. ¿Por qué en la Tierra hay salvajes y hombres civilizados?

Sin la preexistencia del alma, esta cuestión resulta insoluble, a menos que se admita que Dios haya creado almas salvajes y almas civilizadas, lo que sería la negación de su justicia.

Por otra parte, la razón se resiste a admitir que, después de la muerte, el alma del salvaje quede perpetuamente en estado de inferioridad, o que se encuentre en la misma posición que la del hombre esclarecido.

Si se admite para las almas un mismo punto de partida –la única doctrina compatible con la Justicia de Dios–, la presencia simultánea del salvajismo y de la civilización en la Tierra es un hecho material que demuestra el progreso que algunos han realizado y que otros pueden hacer. El alma del salvaje alcanzará, pues, con el tiempo, el mismo grado del alma civilizada. No obstante, como todos los días mueren salvajes, esa alma sólo podrá alcanzar tal grado en encarnaciones sucesivas cada vez más perfeccionadas y apropiadas a su adelanto, siguiendo todos los grados intermedios entre esos dos extremos.

140. *¿No se podría admitir, de conformidad con lo que piensan algunas personas, que el alma encarna* sólo *una vez y que realiza su progreso en estado de Espíritu o en otros mundos?*

Esa proposición sería admisible si todos los hombres de la Tierra se encontrasen en el mismo nivel moral e intelectual, en cuyo caso se podría decir que la Tierra está destinada a un determinado grado. Ahora bien, tenemos ante nosotros la prueba de lo contrario. En efecto, no hay razón para que el salvaje no pueda alcanzar el grado de civilización en la Tierra, dado que vemos almas más adelantadas que están encarnadas aquí; ni que esas almas hayan tenido que progresar en otro mundo, dado que hay almas inferiores encarnadas en este. De ahí se sigue que la posibilidad de la pluralidad de las existencias terrenales resulta de los ejemplos que tenemos a la vista. Si fuese de otro modo, sería necesario explicar: 1.º ¿Por qué sólo la Tierra tendría el monopolio de las encarnaciones? 2.º

¿Por qué, si se admite ese monopolio, se encuentran en ella almas encarnadas de todos los grados?

141. *¿Por qué en medio de las sociedades civilizadas existen seres cuya ferocidad es comparable a la de los más bárbaros salvajes?*

Son Espíritus muy inferiores, procedentes de las razas bárbaras, que experimentan la reencarnación en un medio que no es el suyo, y en el que se encuentran desubicados, como lo estaría un campesino si se viera de improviso en medio de la alta sociedad.

Observación. No es posible admitir, sin negar a Dios los atributos de justicia y bondad, que el alma de un criminal empedernido tenga, en la vida actual, el mismo punto de partida que la de un hombre lleno de virtudes. Si el alma no fuera anterior al cuerpo, la del criminal y la del hombre de bien serían tan nuevas la una como la otra. En ese caso, ¿por qué una sería buena y la otra mala?

142. *¿De dónde proviene el carácter distintivo de los pueblos?*

Son Espíritus que tienen más o menos los mismos gustos e inclinaciones, que encarnan en un medio simpático y, a menudo, en el mismo medio donde pueden satisfacer sus inclinaciones.

143. *¿Cómo progresan y cómo degeneran los pueblos?*

Si el alma fuera creada junto con el cuerpo, las almas de los hombres de hoy serían tan nuevas, tan primitivas, como las de los hombres de la Edad Media. ¿Por qué, entonces, esas almas tienen costumbres más benignas y una inteligencia más desarrollada? Si en ocasión de la muerte del cuerpo el alma abandonara definitivamente la Tierra, ¿cuál sería el fruto del trabajo realizado para el mejoramiento de un pueblo, puesto que ese trabajo tendría que ser comenzado otra vez con las almas nuevas que llegan todos los días?

Los Espíritus encarnan en un medio simpático y en relación con el grado de su adelanto. Un chino, por ejemplo, que haya progresado lo suficiente y ya no encuentre en su raza un medio correspondiente al grado que alcanzó, encarnará en un pueblo más avanzado. A medida que una generación da un paso adelante, atrae por simpatía Espíritus más adelantados para que encarnen, los cuales tal vez sean los mismos que ya habían vivido en ese país, y que por su progreso se habían apartado. De ese modo, paso a paso, avanza una nación. Si la mayoría de los Espíritus que llegan fuera de una naturaleza inferior, y los antiguos emigrasen a diario sin volver a ese medio, el pueblo degeneraría y acabaría por extinguirse.

Observación. Esas cuestiones suscitan otras que encuentran su solución en el mismo principio. Por ejemplo: ¿de dónde proviene la diversidad de razas en la Tierra? - ¿Existen razas rebeldes al progreso? - ¿La raza negra es susceptible de alcanzar el nivel de las razas europeas? - ¿La esclavitud es provechosa para el progreso de las razas inferiores? ¿Cómo se puede producir la trasformación de la humanidad? (Véase *El libro de los Espíritus*: "Ley del Progreso", § 776 y siguientes; *Revista Espírita*, enero de 1862: "Doctrina de los ángeles caídos"; Ídem, abril de 1862: "Perfectibilidad de la raza negra".)

El hombre después de la muerte

144. *¿Cómo se produce la separación del alma y del cuerpo? ¿Es brusca o gradual?*

El desprendimiento se produce gradualmente y con una lentitud variable, según los individuos y las circunstancias de la muerte. Los lazos que unen el alma al cuerpo sólo se cortan poco a poco, y tanto menos rápidamente cuanto más material y sensual ha sido la vida. (Véase *El libro de los Espíritus*, § 155.)

145 *¿Cuál es la situación del alma inmediatamente después de la muerte del cuerpo? ¿Tiene conciencia inmediata de sí misma? En suma, ¿qué ve, qué siente?*

En el momento de la muerte, al principio todo es confuso. El alma precisa de algún tiempo para reconocerse. Queda como aturdida, en el estado de un hombre que sale de un profundo sueño e intenta comprender su situación. La lucidez de las ideas y la memoria del pasado vuelven a ella a medida que desaparece la influencia de la materia de la cual acaba de desprenderse, y a medida que se disipa esa especie de bruma que oscurece sus pensamientos.

El tiempo de la turbación que sigue a la muerte es muy variable. Puede ser de algunas horas solamente, como de muchos días, meses, o incluso de muchos años. Es menos prolongado para aquellos que mientras estaban vivos se identificaron con su estado futuro, pues en ese caso comprenden de inmediato su situación. Por el contrario, es tanto más prolongado cuanto más materialmente ha vivido el individuo.

La sensación que el alma experimenta en ese momento es también muy variable. La turbación que sigue a la muerte no tiene nada de penosa para el hombre de bien; es calma y en todo semejante a la que acompaña a un despertar apacible. En cambio, para aquel cuya conciencia no es pura y que se aferró más a la vida corporal que a la espiritual, la turbación está llena de ansiedad y de angustias, que aumentan a medida que se reconoce, porque entonces se apodera de él el miedo y una especie de terror ante lo que ve y, sobre todo, por lo que presiente.

La sensación, a la que podemos denominar física, es de un gran alivio y un inmenso bienestar. El Espíritu queda como liberado de un fardo. Está feliz porque ya no experimenta los dolores corporales que lo atormentaban unos instantes antes, y porque se siente libre, desprendido y alerta, como aquel a quien acaban de quitarle pesadas cadenas.

En su nueva situación, el alma ve y oye lo que veía y oía antes de la muerte, pero además ve y oye otras cosas que escapaban a la densidad de sus órganos corporales. Tiene, pues, sensaciones y percepciones que nos son desconocidas. (Véase la *Revista Espírita*, septiembre de 1859: "Muerte de un espíritu"; Ídem, octubre de 1860: "El despertar del Espíritu"; Ídem, mayo de 1862: "Exequias del señor Sanson".)

Observación. Estas respuestas, así como todas las relativas a la situación del alma después de la muerte o durante la vida, no son el resultado de una teoría o de un sistema, sino de estudios directos efectuados sobre miles de sujetos, observados en todas las fases y en todos los períodos de su existencia espiritual, desde el grado más bajo hasta el más elevado de la escala, según sus hábitos durante la vida terrenal, el género de muerte, etc. Se dice muchas veces, al hablar de la vida futura, que no se sabe lo que ocurre en ella, porque nadie ha vuelto de allá para contárnoslo. Eso es un error, porque son precisamente los que ya se encuentran en ella los que vienen a instruirnos, y Dios lo permite hoy más que en ninguna otra época, como última advertencia dirigida a la incredulidad y el materialismo.

146. *El alma que abandonó el cuerpo, ¿puede ver a Dios?*

Las facultades perceptivas del alma son proporcionales a su grado de purificación. Sólo las almas de élite pueden gozar de la presencia de Dios.

147. *Si Dios está en todas partes, ¿por qué no todos los Espíritus pueden verlo?*

Dios está en todas partes porque irradia en todas partes, de modo que se puede decir que el universo está sumergido en la Divinidad como nosotros lo estamos en la luz solar. No obstante, los Espíritus atrasados están envueltos en una especie de bruma que les impide ver a Dios y que sólo se disipa a medida que se purifican y se desmaterializan. Los Espíritus inferiores son, en cuanto a la vista, en relación con Dios, lo que los encarnados son en relación con los Espíritus: verdaderos ciegos.

148. *Después de la muerte, ¿tiene el alma conciencia de su individualidad? ¿Cómo hace para constatarlo? ¿Y cómo podemos comprobarlo nosotros?*

Si las almas no conservaran su individualidad después de la muerte, sería tanto para ellas como para nosotros como si no existieran, y las consecuencias morales serían exactamente las mismas: no tendrían ningún carácter distintivo; el alma del criminal estaría en la misma posición que la del hombre de bien, de donde se sigue que nadie tendría ningún interés en practicar el bien.

La individualidad del alma queda demostrada de modo –por así decirlo– material en las manifestaciones espíritas, por el lenguaje y las cualidades propias de cada una. Puesto que las almas piensan y obran de un modo diferente, que algunas son buenas y otras malas, algunas sabias y otras ignorantes, y que algunas quieren lo que otras no quieren, esa es la prueba evidente de que no están confundidas en un todo homogéneo, sin mencionar las pruebas patentes que nos dan acerca de que han animado a tal o cual individuo en la Tierra. Gracias al espiritismo experimental la individualidad del alma ya no es algo impreciso, sino el resultado de la observación.

El alma constata su individualidad porque tiene pensamiento y voluntad propios, distintos de los de las otras almas. También lo hace a través de su envoltura fluídica o periespíritu, una especie de cuerpo limitado que la convierte en un ser distinto.

Observación. Algunas personas suponen que pueden escapar al rótulo de materialistas porque admiten la existencia de un principio inteligente universal, del cual absorberíamos una parte al nacer y que constituye el alma, para devolverla después de la muerte a la masa común, en la cual se confundiría con las otras almas, igual que las gotas de agua en el océano. Ese sistema, especie de transacción, no merece siquiera el nombre de *espiritualismo*, porque es tan desesperante como el materialismo. Ese depósito común del todo universal equivaldría a la nada, porque allí no habría más individualidades.

149. *¿Influye el género de muerte en el estado del alma?*

El estado del alma varía considerablemente según el género de muerte, pero sobre todo según la naturaleza de los hábitos durante la vida. En la muerte natural el desprendimiento se produce gradualmente y sin conmoción; incluso suele comenzar antes de que la vida se haya extinguido. En la muerte violenta por suplicio, suicidio o accidente, los lazos se rompen bruscamente. Sorprendido de improviso, el Espíritu queda como aturdido por el cambio que en él ha ocurrido, sin que pueda explicarse su situación. Un fenómeno bastante común en esos casos es la convicción que él tiene de no estar muerto, y esa ilusión puede durar muchos meses, y hasta muchos años. En ese estado, el Espíritu va y viene, supone que atiende sus negocios como si todavía estuviera en este mundo, y se asombra mucho de que no le respondan cuando habla. Esa ilusión no se da exclusivamente en los casos de muerte violenta, pues también se la encuentra en muchos individuos cuya vida fue consumida por los goces y los intereses materiales. (Véase *El libro de los Espíritus*, § 165; la *Revista Espírita*, junio de 1858: "El suicida de la Samaritana"; Ídem, diciembre de 1858: "Un Espíritu en los funerales de su cuerpo"; Ídem, julio de 1859: "El zuavo de Magenta"; Ídem, diciembre de 1859: "Un Espíritu que no se considera muerto"; Ídem, marzo de 1863: "François-Simon Louvet".)

150. *¿Hacia dónde va el alma después de abandonar el cuerpo?*

El alma no se pierde en la inmensidad del infinito, como generalmente se supone; queda errante en el espacio, casi siempre entre aquellos a quienes conoció, y sobre todo entre los que amó, aunque puede transportarse instantáneamente a distancias inmensas.

151. *¿Conserva el alma los afectos que tenía en la Tierra?*

Conserva todos los afectos morales. Sólo olvida los materiales, que ya no corresponden a su esencia. Por eso se complace en volver a ver a sus parientes y amigos, y es feliz cuando la recuerdan. (Véase la *Revista Espírita*, julio de 1861: "Los amigos no nos olvidan en el otro mundo"; Ídem, mayo de 1862: "Relaciones de amistad entre vivos y muertos".)

152. *¿Conserva el alma el recuerdo de lo que hizo en la Tierra? ¿Se interesa por los trabajos que no pudo concluir?*

Eso depende de su elevación y de la índole de esos traba-jos. Los Espíritus desmaterializados se preocupan poco por las cosas materiales, y se consideran dichosos de haberse liberado de ellas. En cuanto a los trabajos que comenzaron, según su importancia y utilidad, a veces inspiran a otros la idea de ter-minarlos.

153. *¿Encuentra el alma, en el mundo de los Espíritus, a aquellos parientes y amigos que la precedieron?*

No solamente los encuentra a ellos, sino también a mu-chos otros a los que conoció en existencias anteriores. Ge-neralmente, aquellos que más la aman van a recibirla a su llegada al mundo de los Espíritus, y la ayudan a desprenderse de los lazos terrenales. No obstante, la privación de ver a las almas más queridas es, en ciertas ocasiones, un castigo para los culpables.

154. *¿Cuál es, en la otra vida, el estado intelectual y moral del alma de un niño que ha muerto a tierna edad? ¿Sus facul-tades se conservan en estado de infancia, como durante la vida?*

El desarrollo incompleto de los órganos del niño no per-mitía que el Espíritu se manifestara completamente. Des-prendido de esa envoltura, sus facultades son las mismas que tenía antes de encarnar. Dado que el Espíritu sólo ha pasado unos pocos instantes en la vida, sus facultades no han podido modificarse.

Observación. Así pues, en las comunicaciones espíritas, el Espíritu de un niño puede hablar como el de un adulto, por-que es posible que se trate de un Espíritu muy adelantado. Si en algunas ocasiones adopta el lenguaje infantil, lo hace para no privar a la madre del encanto que está ligado al afecto de un ser frágil y delicado, envuelto con los atractivos de la inocencia. (Véase la *Revista Espírita*, enero de 1858: "¡Madre, estoy aquí!")

Dado que la misma pregunta se puede formular acerca del estado intelectual del alma de los cretinos, los idiotas y los locos después de la muerte, su solución se encuentra en la explicación precedente.

155. *¿Qué diferencia existe, después de la muerte, entre el alma del sabio y la del ignorante, entre la del salvaje y la del hombre civilizado?*

Más o menos la misma diferencia que existía entre ellas durante la vida, porque la entrada en el mundo de los Espíritus no confiere al alma los conocimientos de que carecía en la Tierra.

156. *¿Progresan las almas intelectual y moralmente después de la muerte?*

Progresan más o menos, según su voluntad, y algunas adelantan mucho. No obstante, necesitan poner en práctica durante la vida corporal aquello que conquistaron en ciencia y en moralidad. Las que se quedaron estacionadas vuelven a comenzar una existencia análoga a la que dejaron; las que han progresado se hacen merecedoras de una encarnación de orden más elevado.

Dado que el progreso es proporcional a la voluntad del Espíritu, hay almas que conservan durante largo tiempo los gustos y las inclinaciones que tenían durante la vida, y persisten en las mismas ideas. (Véase la *Revista Espírita*, marzo de 1858: "La reina de Oudh"; Ídem, mayo de 1858: "El Espíritu y los herederos"; Ídem, julio de 1858: "El tambor del Beresina"; Ídem, diciembre de 1859: "Un ex carretero"; Ídem, octubre de 1860: "Progreso de los Espíritus"; Ídem, abril de 1861: "Progreso de un Espíritu perverso".)

157. La suerte del hombre en la vida futura, ¿queda irrevocablemente fijada después de la muerte?

La fijación irrevocable de la suerte del hombre después de la muerte sería la negación absoluta de la justicia y la bondad de Dios, porque muchos de ellos no han podido esclarecerse suficientemente, sin mencionar a los idiotas, los cretinos, los salvajes, así como la elevada cantidad de niños que mueren sin haber vislumbrado la vida. Incluso entre las personas ilustradas hay muchas que se consideran suficientemente perfectas para no hacer nada más. Al permitir que el hombre haga mañana lo que no puede hacer hoy, ¿no da Dios una prueba manifiesta de su bondad? Si la suerte está irrevocablemente fijada, ¿por qué los hombres mueren a edades tan diferentes, y por qué Dios, en su justicia, no concede a todos el tiempo para obrar la mayor suma de bien posible y reparar el mal que han hecho? ¿Quién sabe si el culpable que muere a los treinta años no se habría arrepentido y convertido en un hombre de bien si hubiera vivido hasta los sesenta? ¿Por qué Dios le quitaría los medios para hacerlo, mientras que los concede a otros? El solo hecho de la diversidad de la duración de la vida, y del estado moral de la gran mayoría de los hombres, prueba la imposibilidad –si se admite la justicia de Dios– de que la suerte del alma esté irrevocablemente fijada después de la muerte.

158. ¿Cuál es, en la vida futura, la suerte de los niños que mueren a tierna edad?

ALLAN KARDEC

Esta cuestión es una de las que mejor prueban la justicia y la necesidad de la pluralidad de las existencias. Un alma que sólo hubiese vivido algunos instantes, dado que no habría hecho ni bien ni mal, no merecería ni una recompensa ni un castigo. De acuerdo con la máxima del Cristo: *cada uno es castigado o recompensado según sus obras*, sería tan falto de lógica como contrario a la justicia de Dios que se admitiera que, sin trabajo de su parte, esa alma fuese llamada a gozar de la perfecta dicha de los ángeles, o que se viera privada de ella. *No obstante, esa alma debe tener algún destino.* Un estado mixto, por toda la eternidad, también sería una injusticia. Por consiguiente, dado que una existencia interrumpida en sus comienzos no puede tener consecuencia alguna para el alma, su suerte actual es la misma que mereció en la existencia anterior, y su suerte futura, aquella que merecerá en sus existencias posteriores.

159. *Las almas, ¿tienen ocupaciones en la otra vida? ¿Piensan en otra cosa además de sus alegrías o sus padecimientos?*

Si las almas no se ocuparan más que de sí mismas durante la eternidad, eso sería egoísmo, y Dios, que condena el egoísmo, no podría aprobar en la vida espiritual lo que castiga en la vida corporal. Las almas o Espíritus tienen ocupaciones en relación con su grado de adelanto, al mismo tiempo que procuran instruirse y mejorar. (Véase *El libro de los Espíritus*, § 558, "Ocupaciones y misiones de los Espíritus".)

160. *¿En qué consisten los padecimientos del alma después de la muerte? Las almas culpables, ¿son torturadas en llamas materiales?*

En la actualidad la Iglesia reconoce perfectamente que el fuego del Infierno es un fuego moral y no material, pero no define la naturaleza de los padecimientos. Las comunicaciones espíritas nos permiten conocerlos, y por medio de ellas podemos apreciarlos y convencernos de que, pese a que no son la consecuencia de un fuego material, que en efecto no podría quemar almas inmateriales, no por esto dejan de ser menos terribles en ciertos casos. Esas penas no son uniformes: varían al infinito, según la naturaleza y el grado de las faltas cometidas, y casi siempre esas mismas faltas son el instrumento de su castigo. Así, ciertos asesinos son obligados a permanecer en el lugar del crimen y a contemplar a sus víctimas sin cesar; el hombre de gustos sensuales y materiales conserva esos mismos gustos, pero la imposibilidad de satisfacerlos materialmente constituye una tortura para él; ciertos avaros creen que sufren el frío y las privaciones que soportaron durante la vida por avaricia; otros ven el oro y sufren porque no pueden tocarlo; otros se quedan junto a los tesoros que enterraron, en trances perpetuos por el temor de que alguien los robe. En suma, no hay un defecto, una imperfección moral, una mala acción que no tenga su contrapartida y sus consecuencias naturales en el mundo de los Espíritus. Y para eso no hay necesidad de un lugar determinado y circunscrito. Dondequiera que se encuentre, el Espíritu perverso lleva consigo su propio infierno.

Además de las penas espirituales, existen las penas y las pruebas materiales que el Espíritu que no se ha purificado sufre en una nueva encarnación, donde se lo coloca en una situación que le haga padecer lo que hizo padecer a otros: ser humillado si fue orgulloso, miserable si fue un mal rico, desdichado a causa de sus hijos si fue un mal hijo, o a causa de sus padres si fue un mal padre, etc. Como hemos dicho, la Tierra es uno de los lugares de exilio y de expiación, *un purgatorio*, para los Espíritus de esa naturaleza, del que cada uno se puede liberar si mejora lo suficiente para que merezca ir a un mundo mejor. (Véase *El libro de los Espíritus*, § 237: "Percepciones, sensaciones y padecimientos de los Espíritus"; Ídem Libro IV - Esperanzas y consuelos: "Penas y goces futuros"; *Revista Espírita*, marzo de 1858: "El asesino Lemaire"; Ídem, junio de 1858: "El suicida de la Samaritana"; Ídem, diciembre de 1858: "Sensaciones de los Espíritus"; Ídem, octubre de 1859: "El padre Crépin"; Ídem, febrero de 1860: "Estelle Régnier"; Ídem, agosto de 1860: "El suicida de la calle Quincampoix"; Ídem, octubre de 1860: "El castigo"; Ídem, diciembre de 1860: "Entrada de un culpable en el mundo de los Espíritus" y "Castigo del egoísta"; Ídem, febrero de 1861: "El suicidio de un ateo"; Ídem, septiembre de 1861: "La pena del talión".)

161. *¿Es útil la plegaria para las almas que sufren?*

Todos los Espíritus buenos recomiendan la plegaria. Además, los Espíritus imperfectos la solicitan como un medio de aliviar sus padecimientos. El alma por la cual se ruega experimenta alivio, porque la plegaria es un testimonio de interés, y el desdichado siempre recibe consuelo cuando encuentra corazones caritativos que comparten sus dolores. Por otro lado, mediante la plegaria se lo estimula al arrepentimiento y al deseo de hacer lo necesario para que sea feliz. En ese sentido es como se puede abreviar el sufrimiento del Espíritu, si por su parte contribuye con su buena voluntad. (Véase *El libro de los Espíritus*, § 664; la *Revista Espírita*, diciembre de 1859: "Efectos de la plegaria en los Espíritus que sufren".)

162. *¿En qué consisten los goces de las almas felices? ¿Pasan la eternidad en contemplación?*

La justicia exige que la recompensa sea proporcional al mérito, así como el castigo es proporcional a la gravedad de la falta. Por consiguiente, hay infinitos grados en los goces del alma, desde el instante en que esta ingresa en el camino del bien hasta que alcanza la perfección.

La felicidad de los Espíritus buenos consiste en que conozcan todas las cosas, en no sentir odio, ni celos, ni envidia, ni ambición, ni ninguna de las pasiones que ocasionan la desgracia de los hombres. El amor que los une es para ellos una fuente de suprema felicidad. No experimentan las necesidades, ni los padecimientos, ni las angustias de la vida material. Un estado de contemplación perpetua sería una felicidad tonta y monótona; sería la felicidad del egoísta, porque su existencia consistiría en una inutilidad sin fin. La vida espiritual es, por el contrario, una actividad incesante a causa de las misiones que los Espíritus reciben del Ser Supremo, como sus agentes en el gobierno del universo; misiones que son proporcionales a su adelanto y cuyo desempeño los hace felices, porque les proporciona ocasiones de ser útiles y de hacer el bien. (Véase *El libro de los Espíritus*, § 558: "Ocupaciones y misiones de los Espíritus"; la *Revista Espírita*, octubre de 1860: "Los Espíritus puros" y "La morada de los bienaventurados"; *Ídem*, junio de 1861: "Sra. Gourdon".)

Observación. Invitamos a los adversarios del espiritismo, y a aquellos que no admiten la reencarnación, a que den respecto de los problemas precedentes una solución más lógica mediante algún otro principio que no sea el de la pluralidad de las existencias.

⚜

Índice

Made in the USA
Coppell, TX
24 February 2022

74038075R00115